Nicole Eilinger-Fitze

Oh, dieses Schweizerdeutsch!

Eine heitere und unterhaltsame Betrachtung der Sprache unserer Nachbarn

Band 12 aus der Reihe

Fremdsprech

Oh, dieses Schweizerdeutsch!

die OUTDOOR Verlage

Mit uns nach draußen

Alle Informationen, schriftlich und zeichnerisch, wurden nach bestem Wissen zusammengestellt und überprüft. Sie waren korrekt zum Zeitpunkt der Recherche.

Die Autorin und der Verlag sind für Lesertipps und Verbesserungen (besonders als E-Mail) unter Angabe der Auflagen- und Seitennummer dankbar.

Dieses Buch hat 70 Seiten mit 19 Illustrationen und einer schwarz-weißen Abbildung. Es wurde auf chlorfrei gebleichtem Papier gedruckt, in Deutschland klimaneutral hergestellt und transportiert (die Zertifikatnummer finden Sie auf unserer Internetseite) und wegen der größeren Strapazierfähigkeit mit PUR-Kleber gebunden.

Band 12 aus der Reihe „Fremdsprech“
ISBN 978-3-86686-919-6 2., aktualisierte Auflage

Dieses OutdoorHandbuch wurde konzipiert und redaktionell erstellt vom Conrad Stein Verlag GmbH, Postfach 1233, 59512 Welver, Kiefernstr. 6, 59514 Welver, ☏ 023 84/96 39 12,
FAX 023 84/96 39 13, info@conrad-stein-verlag.de,
www.conrad-stein-verlag.de,
www.facebook.com/outdoorverlage.

Unsere Bücher sind überall im wohl sortierten Buchhandel und in cleveren Outdoorshops in Deutschland, Österreich und der Schweiz erhältlich.
Auslieferung für den Buchhandel:

D	Prolit, Fernwald und alle Barsortimente
A	freytag & berndt, Wolkersdorf
CH	AVA-buch 2000, Affoltern und Schweizer Buchzentrum
I	Leimgruber A & Co. OHG/snc, Kaltern
BENELUX	Willems Adventure, LT Maasdijk
E	mapiberia f&b, Ávila

Text: Nicole Eilinger-Fitze
Illustrationen: Annalena Hunke
Titelbild: Jan Düsedau
Lektorat: Kerstin Becker
Layout: Amrei Risse
Gesamtherstellung: AZ Druck und Datentechnik GmbH, Kempten

Inhalt

Über die Autorin 5

Einleitung 6

Ein kleiner Schock zu Beginn 9

Sprachen der Eidgenossen 10

Schweizerdeutsch = Schweizerdeutsch? 12

Woher kommt das Schweizerdeutsch? 17

Orthografie nicht nötig 20

Schweizer Hochdeutsch 31

Helvetismen 34

Der erste Kontakt mit Deutschschweizern 41

Von „aagfrässä“ bis „füdliblutt“ 44

Von „Gampiross“ bis „möff“ 53

Von „noodisnoo“ bis „sünälä“ 60

Von „tifig“ bis „zwäg sii“ 64

So fluchen Deutschschweizer 67

Weblinks 70

Über die Autorin

Nicole Eilinger-Fitze wurde 1979 geboren und ist in der Ostschweiz am Bodensee aufgewachsen. Sie studierte an der Universität Zürich Ethnologie, Religionswissenschaften und Allgemeine Sprachwissenschaft. Anschließend arbeitete sie in einem interkulturellen Kinderdorf und absolvierte als Zweitausbildung die Pädagogische Hochschule. Heute ist sie als Primarlehrerin, Ethnologin und Autorin tätig.

Die Liebe zum Schreiben gehört seit der Kindheit zu ihrem Leben. Sie verfasste das Kinderbuch „Luca trifft Fliegende Feder“ und schreibt seit Jahren für die Zeitschrift „manuell“.

Mehr erfahren Sie auf ihrer Homepage www.nicole-eilinger.ch.

Einleitung

Das Klima zwischen den Deutschen und den Deutschschweizern ist wechselhaft. Manchmal scheint die Sonne und die Nachbarn sind einander freundlich gesinnt - wenn Deutschschweizer z.B. den Weihnachtsmarkt in München besuchen oder Deutsche ihre Winterferien in den Schweizer Bergen verbringen. Manchmal türmen sich aber auch mächtige Gewitterwolken auf - z.B. wenn es um die Fußball-Welt- oder Europameisterschaft geht. Dann treffen die gegenseitigen Bezeichnungen „Kuhschweizer“ und „Sauschwaben“ den Nagel auf den Kopf. Die Nachbarn hassen sich, weil sie Konkurrenten sind, und sie lieben sich, weil sie trotz allem viele Gemeinsamkeiten und Ähnlichkeiten haben.

Trotz oder wegen dieser Hassliebe wird die Schweiz immer beliebter bei deutschen Auswanderern. Haben Sie gewusst, dass die Schweiz das Auswanderungsland Nummer eins in Deutschland ist? Die Zahl der Deutschen in der Schweiz hat sich seit der Jahrtausendwende auf mehr als eine Viertelmillion verdoppelt. Hauptgründe sind niedrigere Steuern und bessere berufliche Perspektiven, die dank der Personenfreizügigkeit genutzt werden können. Es handelt sich meist um hochqualifizierte Zuwanderer. Jeder zehnte Arzt in der Schweiz ist Deutscher, jeder achte Top-Manager und jeder fünfte Universitätsprofessor. Ende 2010 lebten 279.000 deutsche Staatsbürger in der Schweiz. Somit haben 3,4 % der Gesamtbevölkerung den deutschen Pass. Dies ist der höchste Wert seit dem Zweiten Weltkrieg. Die Tendenz ist weiterhin steigend. Vielleicht wird der Rekord von 1910 erreicht oder gebrochen? Damals lag der Anteil der Deutschen bei knapp 6 % der schweizerischen Wohnbevölkerung.

Beide Seiten hegen jedoch trotz dieser Kontaktfreudigkeit Klischees und Vorurteile. Aus der Sicht der Deutschen reden die Deutschschweizer zu langsam. Logischerweise denken sie deshalb auch lang-

sam und können keine Höchstleistungen vollbringen. Die Schweizer sind gemäß den Deutschen ein Käse essendes Bauernvolk. Außerdem sind sie geizig, verklemmt, pünktlich und unentschlossen. Parodien darüber gibt es zur Genüge - was doch immerhin darauf hindeutet, dass das Thema präsent und von Interesse ist. Der deutsche Komiker Michael Mittermeier ist beispielsweise davon überzeugt, dass der ch-Laut im Schweizerdeutschen im Hals schmerzt und die Kinder hierzulande mit drei Zentimeter dicken Stimmbändern zur Welt kommen ... Das stimmt - wer hätte es gedacht - nicht! Das kann ich Ihnen als Deutschschweizerin versichern.

Die Deutschen reden dagegen aus der Sicht der Deutschschweizer zu schnell. Aufgrund des Tempos und ihrer Sprachgewandtheit wirken sie auf die Eidgenossen überheblich. Außerdem sind die nördlichen Nachbarn bei den Schweizern bekannt als Haxen- und Wurstesser, Biertrinker und Ferienzielstürmer.

Das sind Klischees. Diesen liegt manchmal ein Funken Wahrheit zugrunde. Viel wichtiger sind sie jedoch, um die Kultur, das Gedankengut und die Grundhaltung einer Gesellschaft zu verstehen. Erst wenn Stereotypen und Vorurteile benannt und bewusst gemacht werden, können sie überdacht, hinterfragt, abgeschwächt, verändert oder aufgelöst werden.

Ein Ziel dieses Buches ist es, diese Auseinandersetzung mit der eigenen und fremden Sprache und Kultur zu fördern. Zudem soll es Ihnen einen Weg aufzeigen, sich an schweizerdeutsche Eigenheiten heranzutasten. Das Buch berücksichtigt alle schweizerdeutschen Dialekte. Als Basis diente jedoch meine eigene Umgangssprache aus dem Kanton St. Gallen in der Ostschweiz. Sie sprechen nach der Lektüre dieses kleinen und hoffentlich amüsanten Sprachführers kaum perfekt Schweizerdeutsch. Aber Sie verstehen bei Ihrem nächsten Aufenthalt in der Deutschschweiz gewisse Ausdrücke, Reaktionen und Gewohnheiten mit Sicherheit besser. Hoffentlich hilft Ihnen diese Sprachbetrachtung dabei, eine Brücke über den Bodensee und den Rhein zu Ihren südwestlichen Nachbarn zu schlagen.

Ein kleiner Schock zu Beginn

Gleich zu Beginn ein kleiner Schock gefällig? Wenn nein, überspringen Sie bitte dieses Kapitel. Wenn ja, lesen Sie einfach weiter.

> U so isch das hin u härgange wie nes Färegschäderli amene Milchgröözi, da seit plötzlech Houderebäseler zu Schöppelimunggi:
> „Schtill! Was ziberlet dert näbem Tobelöhli z grachtige n uuf u aab?"
> Schöppelimunggi het gschläfzet wie ne Gitzeler u hets du o gseh. Es Totemügerli! U nid numen eis, nei, zwöi, drü, vier, füüf, es ganzes Schoossingjong voll si da desumegschläberlet u hei zängpinggerlet u globofzgerlet u gschanghangizigerlifisionööggelet, das es eim richtig aagschnäggelet het.
> Schöppelimunggi u Houderebäseler hei nang nume zuegmutzet u hei ganz hingerbyggelig wöllen abschöberle. Aber chuum hei si der Awang ytröölet, gröözet es Totemügerli:
> „Heee, dir zweee!"
> U denen ischs i d Chnöde glöötet wie bschüttigs Chrüzimääl dure Chätschäbertrog. Düpfelig u gnütelig si si blybe schtah wie zwöi gripseti Mischtschwibeli, u scho isch das Totemügerli was tschigerlisch was pfigerlisch binene zueche gsi.

Haben Sie nichts verstanden? Dann ist Schweizerdeutsch keine Sprache für Sie … Blödsinn! Natürlich ist Schweizerdeutsch eine Sprache für Sie! Wenn Sie nämlich bis hierher durchgehalten haben, haben Sie bereits Willen, Sprachgefühl, Humor und Geschick im Überspringen von unverständlichen Passagen gezeigt. Somit sind Sie goldrichtig hier.

Haben Sie den oben abgedruckten Text für Schweizerdeutsch gehalten? Blöde Frage! Natürlich nicht! Das ist Kauderwelsch. Aber stellen

Sie sich vor, es soll Leute geben, die der Täuschung auf den Leim kriechen. Der Text klingt ähnlich wie Berndeutsch, ein schweizerdeutscher Dialekt. Die Geschichte heißt denn auch „Es bärndütsches Gschichtli" - im Volksmund häufig „S'Totemügerli" genannt - und wurde vom Schweizer Kabarettisten und Schriftsteller Franz Hohler geschrieben. Der oben abgedruckte Text ist nur ein Ausschnitt aus der witzigen Geschichte, die Sie im Buch „Wegwerfgeschichten", erschienen beim Zytglogge-Verlag, nachlesen können.

Jetzt wissen Sie, wie die Schweizer nicht reden. Aber wie sprechen sie?

Sprachen der Eidgenossen

Die Schweiz ist achteinhalb Mal kleiner als Deutschland und hat knapp 8 Mio. Einwohner - und vier Amtssprachen: Deutsch, Französisch, Italienisch und Rätoromanisch. Das bedeutet jedoch nicht, dass jeder Schweizer und jede Schweizerin viersprachig ist. Die meisten Schweizer haben nur eine Muttersprache und sprechen eine oder zwei weitere Landessprachen als Fremdsprachen. In den Regionen der Sprachgrenzen wachsen viele Menschen zweisprachig auf. So wird zum Beispiel in den Städten Freiburg/Fribourg und Biel/Bienne Deutsch und Französisch gesprochen. In der Schule lernen die Kinder als erste Fremdsprache eine zweite Landessprache oder - immer häufiger - Englisch.

Die Schweiz hat 26 Kantone (davon 6 Halbkantone). 17 Kantone sind einsprachig deutsch. 4 Kantone sind einsprachig französisch und einer einsprachig italienisch. Drei Kantone sind offiziell zweisprachig, einer ist dreisprachig.

▷ Einsprachig deutsche Kantone: Aargau, Appenzell Ausserrhoden, Appenzell Innerrhoden, Basel-Landschaft, Basel-Stadt,

Glarus, Luzern, Nidwalden, Obwalden, Schaffhausen, Schwyz, Solothurn, St. Gallen, Thurgau, Uri, Zug, Zürich

- Einsprachig französische Kantone: Genf, Jura, Neuenburg, Waadt
- Einsprachig italienischer Kanton: Tessin
- Zweisprachige Kantone: Bern, Freiburg, Wallis (deutsch-französisch)
- Dreisprachiger Kanton: Graubünden (italienisch-rätoromanisch-deutsch)

Die Schweiz ist in drei Sprachräume unterteilbar:

- Deutsch (63,7 % der Bevölkerung): Norden, Zentrum und Nordosten
- Französisch (19,2 %): Westen (Westschweiz, Welschland oder Romandie genannt)
- Italienisch (7,6 %) und Rätoromanisch (0,6 %): Südosten

Die Muttersprache der restlichen 8,9 % der Schweizer Bevölkerung ist keine der Amtssprachen. Ausländer machen rund einen Fünftel der Schweizer Bevölkerung aus.

Die große Mehrheit der Schweizer spricht also Deutsch. Diese Formulierung ist nicht ganz korrekt. Die meisten Schweizer sprechen Schweizerdeutsch, einen alemannischen Dialekt. In der Deutschschweiz herrscht eine mediale Diglossie. Das heißt, im mündlichen Sprachgebrauch überwiegt der Dialekt, im schriftlichen Hochdeutsch. Ungeachtet der Situation und der sozialen Schicht sprechen Deutschschweizer untereinander Dialekt, sogenannte Mundart. Die gesamte schriftliche Kommunikation basiert dagegen auf dem Hochdeutschen. Tageszeitungen, Zeitschriften und Bücher erscheinen in Hochdeutsch. Ausnahmen bilden SMS, private E-Mails und Briefe und die neuen Medien. Hier wird häufig der Dialekt verwendet.

Schweizerdeutsch = Schweizerdeutsch?

Wer damit gerechnet hat, dass die knappen zwei Drittel der Schweizer, deren Muttersprache Schweizerdeutsch ist, alle gleich reden, hat sich mächtig geirrt. Es reicht also leider nicht aus, sich mit einem schweizerdeutschen Dialekt zu beschäftigen, um alle Deutschschweizer gleichermaßen zu verstehen. Aber - und dies sei an dieser Stelle betont: Wer einen schweizerdeutschen Dialekt problemlos versteht oder ihn sogar spricht, wird mit gewisser Übung auch Sprecher anderer Mundarten verstehen. Die Deutschschweizer verstehen sich gegenseitig fast uneingeschränkt - mit Ausnahme einzelner typischer Ausdrücke. So fungieren in der Deutschschweiz für das hochdeutsche Wort „Bonbon“ verschiedene Ausdrücke wie „Bombo“, „Zältli“, „Dröbsli“, „Zückerli“ oder „Täfeli“.

Die Tatsache, dass sich ein Deutschschweizer mit jedem anderen Deutschschweizer unterhalten kann, bedeutet nicht, dass dialektbedingte Missverständnisse ausgeschlossen sind. Erst kürzlich bestellte ich in einem Café in der Stadt Bern eine Schorle (Apfelsaft) und erhielt eine Schale (Milchkaffee). Im Berndeutschen klingt das „a“ in

„Schale“ dunkel und geschlossen, sodass es dem offenen Ostschweizer „o“ in „Schorle“ nahekommt. Außerdem wird das „r“ in der Ostschweiz im Gegensatz zu Bern nicht gerollt, sodass die Serviertochter den Buchstaben vermutlich überhörte. Nach anfänglicher Irritation trank ich schmunzelnd meine Schale.

Viele verschiedene Dialekte und doch ein gemeinsamer Name? Was macht das Schweizerdeutsch aus? Es ist eine Sammlung von hochalemannischen Dialekten. Ihre Grammatik ist einigermaßen einheitlich und grenzt das Schweizerdeutsch vom Hochdeutschen ab. Im Gegensatz dazu sind die Aussprache und teilweise der Wortschatz der einzelnen Dialekte stark regional geprägt. Das Walliserdeutsch gilt als extremste Ausprägung. Da kann es bisweilen vorkommen, dass Deutschschweizer aus anderen Kantonen Verständigungsprobleme haben.

Die meisten Schweizer Dialekte haben die mittelhochdeutsche Lautverschiebung nicht mitgemacht: „Huus“ bedeutet demnach Haus, „Hüsli“ Häuschen, „Züüg“ Zeug, „Puur“ oder „Buur“ Bauer und „wiiter“ weiter. Als Ausnahme gilt der Kanton Basel-Stadt, wo als einziger Ort in der Schweiz ein niederalemannischer Dialekt gesprochen wird. Dort heißt klein „glai“ (in der übrigen Deutschschweiz „chli“). Besonderes Kennzeichen des Baseldeutschen ist das anlautende aspirierte „k“ - im Gegensatz zum hochalemannischen „ch“. So sagen Basler beispielsweise „Kind“ statt „Chind“.

Wird ein Wort auf Schweizerdeutsch mit „ue“ geschrieben, spricht man „u-e“ und nicht „ü“. Ein Schweizer namens Rudolf wird „Ru-edi“ und nicht „Rüdi“ genannt. Für Verwirrung sorgen auch die Ausdrücke für „Maus“ und „Mus“: „Mus“ bedeutet Maus, „Müüsli“ Mäuschen, „Mues“ Mus und „Müesli“ Müsli. Wenn Sie ein vegetarisches Frühstück bevorzugen, bestellen Sie also besser ein „Müesli“ und kein „Müüsli“ …

Neben nieder- und hochalemannischen Dialekten gibt es in der Schweiz auch höchstalemannische Mundarten. Sie werden im Wallis, teilweise im Berner Oberland, in der Zentralschweiz (mit Ausnahme des Kantons Luzern) und im Kanton Freiburg gesprochen. Diese Dialekte werden gekennzeichnet von Formen wie „schnyyä“ für „schneien“, „nüü“ für „neu“ und „büüä“ für „bauen“.

Üblicherweise werden die Deutschschweizer Dialekte nach den Kantonen unterteilt. Linguistisch ist dies nicht ganz gerechtfertigt. Einerseits kommen innerhalb einiger Kantone große Dialektunterschiede vor. Andererseits wird in einigen kantonsübergreifenden Regionen ein sehr ähnlicher Dialekt gesprochen. So ist es für Auswärtige beispielsweise schwierig, den Dialekt eines Ostschweizers eindeutig einem Kanton oder einer Region zuzuordnen. Die grobe geografische Herkunft eines Deutschschweizers ist hingegen fast immer einfach zu bestimmen.

Trotz der verschiedenen Dialekte gibt es einige allgemein gültige Unterschiede zum Hochdeutschen.

▷ Das „n“ am Wortende fällt weg: z.B. „schwimme“ statt „schwimmen“, wobei das „e“ in „schwimme“ offen gesprochen wird und je nach Dialekt eher wie „ä“ klingt.

▷ Die Vorsilben „ge-“ und „be-“ werden zu „g-“ und „b-“: z.B. „glaufe“ statt „gelaufen“.

▷ Im Schweizerdeutschen gibt es nur zwei Zeiten: das Präsens (ich trinke) und das Perfekt (ich habe getrunken). Es gibt weder das Präteritum (ich trank), noch ein Futur (ich werde trinken). „Ich ha trunke“ bedeutet sowohl „ich habe getrunken“ als auch „ich trank“. Die Zukunftsform wird mit einer Zeitangabe markiert („i gib dir morn än Funk“ für „ich werde dich morgen anrufen“).

▷ Der Genitiv existiert im Schweizerdeutschen kaum mehr. Meistens wird „vo“ (von) verwendet: z.B. „s’Buäch vom Daniel“ statt „Daniels Buch“. Wörter wie „trotz“ und „wegen“ werden - wie im süddeutschen Sprachgebiet - mit dem Dativ kombiniert: z.B. „trotz äm Gwitter“ statt „trotz des Gewitters“.

▷ Der Akkusativ unterscheidet sich im Schweizerdeutschen nicht vom Nominativ:
Der Hund kam zu mir. - Dä Hund isch zu mir cho.
Ich habe den Hund gesehen. - I ha dä Hund gseh.
Achtung: Diese Regel gilt nur für Nomen. Bei Pronomen unterscheidet sich der Akkusativ vom Nominativ:

Er ist zu mir gekommen. - Är isch zu mir cho.
Ich habe ihn gesehen. - I han än gseh.

▷ Relativsätze werden im Schweizerdeutschen meistens mit „wo“ gebildet:
Das Brot, das übrig ist ... - S’Brot, wo voorig isch …
Der Hund, den du siehst ... - Dä Hund, wo d(u) gsehsch …
Der Mann, dem ich etwas gab ... - Dä Maa, won i öpis geh ha …

▷ Die beiden Wörter „kommen“ und „gehen“ werden verdoppelt, wenn sie mit einem anderen Verb kombiniert werden: z.B. „ich chumm cho/go choche“ (ich komme kommen/gehen kochen) oder „ich gang go(ge) schaffe“ (ich gehe gehen arbeiten).

Neben diesen grundlegenden Gemeinsamkeiten der schweizerdeutschen Dialekte gibt es aber auch regionale Besonderheiten. Diesen werden Sie im Kapitel „Orthografie nicht nötig“ auf den Zahn fühlen können. An dieser Stelle möchte ich Ihnen einige Eigenheiten des Berndeutschen aufzeigen, da dieser Dialekt häufig aus der Reihe tanzt. Er ist leicht zu erkennen an seinen gedehnten Lauten und dem „l“, das manchmal wie ein „u“ ausgesprochen wird: z.B. „viu“ statt „vill“ (viel/e), „aui“ statt „ali“ (alle), „baud“ statt „bald“ oder „Ängu“ statt „Ängel“ (Engel). Die Buchstabenfolge „nd“ wird manchmal zu „ng“: z.B. „Hung“ statt „Hund“, „angers“ statt „andersch“ oder „Ching“ statt „Chind“. Das Berndeutsch ist zudem bekannt für typische Ausdrücke, die sonst in keinem Dialekt zu finden sind: z.B. „geng“ für „immer“, „prichte“ für „plaudern“, „näär“ für „nachher“, „Giu“ für „Junge“, „Meitschi/Modi“ für „Mädchen“ oder „Schigg“ für „Kaugummi“. Eine weitere Besonderheit des Berndeutschen ist die veränderte Satzstellung in Nebensätzen: z.B. „Mir si sis Konzert go losä, won är grad z’Bern isch gsi.“ statt „Mir sind sis Konzert go losä, won är grad z’Bern gsi isch.“ (Wir gingen in sein Konzert, als er gerade in Bern war.)

Bevor Sie Gelegenheit haben, die einzelnen Dialekte unter die Lupe zu nehmen, steht ein Blick in die Geschichte des Schweizerdeutschen auf dem Programm.

Woher kommt das Schweizerdeutsch?

Schweizerdeutsch heißt auf Schweizerdeutsch „Schwiizerdüütsch" (mit langem „i" und „ü" und weichem „d") oder „Schwizertütsch" (mit kurzem „i" und „ü" und hartem „t") oder eine Mischform davon. Häufig wird auch „Schwyzerdütsch" geschrieben. Dieser Ausdruck bezieht sich in den Ohren und vor allem in den Augen der Deutschschweizer allerdings eher auf den Kanton Schwyz als auf das Land Schweiz. Wie dem auch sei, Schweizerdeutsch ist eine Sammelbezeichnung für diejenigen alemannischen Dialekte, die in der Schweiz und im Fürstentum Liechtenstein gesprochen werden.

Vom linguistischen Standpunkt her gibt es keine Grenze zwischen dem Schweizerdeutschen und den alemannischen Dialekten Vorarlbergs, Südwestdeutschlands, des Elsass' und der italienischen Walsersiedlungen. Der Unterschied zwischen dem Schweizerdeutschen und den übrigen alemannischen Dialekten ist vielmehr pragmatischer Natur. Schweizerdeutsch wird in den meisten Gesprächssituationen verwendet, die Standardsprache hingegen nur selten. Doch das war nicht immer so.

Es ist nicht lange her, dass der Gebrauch des Dialekts in der Deutschschweiz auf den Privatbereich beschränkt war. Bis ins 20. Jahrhundert wurde im öffentlichen Leben Hochdeutsch vorgezogen. Die Reformation hatte diese Entwicklung ausgelöst. Die gehobenen Klassen der Patrizier und die Großbourgeoisie in Städten wie Bern und Basel benutzten gar Französisch als Alltagssprache. Auf diese Zeit sind die vielen französischen Lehnwörter im heutigen Schweizerdeutsch zurückzuführen.

Das Schweizerdeutsch galt wie die übrigen deutschen Mundarten lange Zeit als Sprache der Bauern und des gemeinen Volkes. Daher auch der in einigen Regionen gebräuchliche Ausdruck „Buuredütsch“. Als Umgangssprache fand Schweizerdeutsch zwar auch in den gehobenen Klassen seine Anwendung - allerdings in speziellen Soziolekten zur Abgrenzung gegenüber der Sprache des einfachen Volkes.

Bis zum Ersten Weltkrieg war die Situation des Schweizerdeutschen mit derjenigen anderer deutscher Dialekte vergleichbar: Die Standardsprache verdrängte es immer mehr aus dem öffentlichen Bereich. Die beiden Weltkriege und die Zwischenkriegszeit lösten jedoch eine gegenteilige Bewegung aus. Schweizerdeutsch bestimmte mehr und mehr die deutschschweizerische Identität - nicht zuletzt zur Abgrenzung gegenüber Deutschland. Diese Distanzierung äußerte sich sprachlich darin, dass die mit Deutschland assoziierte Standardsprache in der mündlichen Kommunikation kaum mehr Verwendung fand.

Noch mehr Aufwind erfuhr das Schweizerdeutsch in den späten 1960er Jahren. Die Schweiz wurde von einer Mundartwelle erfasst, die bis heute Bestand hat. Das Schweizerdeutsch löste in vielen Bereichen das Standarddeutsch ab. Heute genießt es als Zeichen der deutschschweizerischen und regionalen Identität eine hohe Wertschätzung. Jeder Kanton ist stolz auf seine Mundart und macht sich gern über andere Kantone lustig.

Maßgebend für die wachsende Bedeutung des Schweizerdeutschen waren nicht zuletzt die Massenmedien Radio und Fernsehen. Eine besonders wichtige Rolle spielten hierbei die privaten Radiosender, die sich in den 1980er Jahren etablierten. Das Fernsehen und die staatlichen Sendestationen zogen bald nach. Diese Entwicklung führte dazu, dass auf nationaler Ebene immer mehr regionale Dialekte zu hören waren.

Ein weiterer Pfeiler der Mundartwelle war die Musik. Den Anfang bildeten die beliebten berndeutschen Lieder Mani Matters. In den 1980er Jahren schwappte der Dialekt auch auf die Rockszene über. Bedeutende Interpreten sind Polo Hofer und Züri West. Dieser Trend hält bis heute an. Einheimische Mundart-Popmusik gehört seit den 1990er Jahren zu den festen Bestandteilen der Deutschschweizer Kultur.

Ein weiterer wesentlicher Faktor in der Ausbreitung des Schweizerdeutschen sind die elektronischen Medien. SMS und private E-Mails gehören weder eindeutig zur schriftlichen noch zur mündlichen Kommunikation. Es handelt sich um sogenannte „geschriebene Gespräche", in denen Schweizerdeutsch zum Zug kommt.

Die kontinuierliche Ausbreitung der audiovisuellen Medien und die erhöhte Mobilität der Bevölkerung führten in der nahen Vergangenheit dazu, dass das Schweizerdeutsch immer mehr Ausdrücke der standarddeutschen und der englischen Sprache aufnahm. Anglizismen, die in die deutsche Sprache integriert wurden, gelten meistens auch für das

Schweizerdeutsch. Es ist heute üblich, „sorry“ statt „exgüsi“ und „shopä“ (von englisch „to shop“) oder „ichaufä“ (von deutsch „einkaufen“) statt „poschtä“ zu sagen. Der größte Teil des Wortschatzes des modernen Lebens kommt via Hochdeutsch ins Schweizerdeutsch.

Heute sind die gesellschaftlichen Funktionen des Schweizerdeutschen vielfältig. Es wird gleichzeitig als Umgangs- und als Fachsprache verwendet und von allen Schichten gesprochen. Schweizerdeutsch verleiht den Deutschschweizern emotionalen Halt und ein Gemeinschafts- und Heimatgefühl. Die früheren Soziolekte - unterscheidbare Dialekte der städtischen Ober-, Mittel- und Unterschicht und der Landbevölkerung - existieren seit Mitte des 20. Jahrhunderts nirgends in der Schweiz mehr. Einzig die in jeder Sprache vorkommenden Varietäten verschiedener Sprechergruppen sind auch im Schweizerdeutschen zu beobachten. Bauarbeiter, Akademiker, Secondos und Teenager benutzen je ihre eigenen Ausdrücke und Abkürzungen.

Orthografie nicht nötig

Auf den Punkt gebracht lässt sich folgendes Motto für das Schweizerdeutsch formulieren: Jeder spricht, wie er will. So weit, so gut. Nichts Außergewöhnliches. Das Motto kann jedoch um zwei Wörter ergänzt werden: Jeder spricht und schreibt, wie er will. Dem ist tatsächlich so: Im Schweizerdeutschen gibt es keine offizielle Rechtschreibung. Man kann Schweizerdeutsch nicht falsch schreiben. Vielleicht drängt die Sprache deshalb immer mehr in den schriftlichen Bereich vor …

Ein wesentlicher Unterschied des Schweizerdeutschen zur deutschen Standardsprache ist das Fehlen des Eszett. Auch wenn Deutschschweizer Hochdeutsch schreiben, folgt selbst nach einem langen Vokal oder einem Diphthong immer ein Doppel-s. In der Deutschschweiz wird also „Strasse“, „ausser“, „bloss“ und „beissen“ geschrie-

ben. „Masse“ kann „Masse“ oder „Maße“ bedeuten. Am fehlenden Eszett können Deutsche also sofort erkennen, dass der Autor oder die Autorin aus der Deutschschweiz stammt.

Der Grund für das Weglassen des Eszett in der Schweizer Standardsprache ist übrigens praktischer Natur: Mit der Deutschschweizer Schreibmaschine mussten früher auch französische und italienische Texte geschrieben werden. Die begrenzte Anzahl Typen reichte nicht für alle Sonderzeichen dieser drei Sprachen. So erklärt sich auch, weshalb Familien- und Ortsnamen mit einem Umlaut am Anfang heute noch mit „Ae“, „Oe“ oder „Ue“ geschrieben werden (z.B. Aebischer, Oerlikon oder Uetliberg - „Üetliberg“ gesprochen, nicht „Ütliberg“). Die Schreibweise wurde beibehalten, auch wenn Computer heute „Ä“, „Ö“ und „Ü“ schreiben können.

Im Schweizer Hochdeutschen gibt es weitere Besonderheiten in der Schreibweise: Französische und italienische Lehnwörter werden auch nach der Rechtschreibreform, die die phonetische Schreibweise zulässt, eher in der französischen respektive italienischen Form geschrieben (z.B. Mayonnaise oder Spaghetti). Geografische Namen wie Straßennamen werden mehrheitlich zusammengeschrieben (z.B. Zürcherstraße, Genfersee, Zugerberg oder Schweizergrenze). Außerdem gibt es im Schweizer Hochdeutschen einzelne Abweichungen von der Standardschreibweise, die keine Regel befolgen (z.B. „Bretzel" statt „Brezel").

Vielleicht fragen Sie sich, wie jemand entscheidet, wie er Schweizerdeutsch schreibt. Kriterien sind die eigene Aussprache (der eigene Dialekt), unausgesprochene Vereinbarungen (z.B. Eigennamen in der standarddeutsch korrekten Form zu schreiben), die Leserlichkeit (z.B. die Wortsegmentierung) und die Orientierung am Standarddeutschen. Der letzte Punkt wird deutlich bei einem Wort wie „gesehen": Die meisten Deutschschweizer schreiben „gseh", „gsäh", „gsächä" oder ähnlich. Kaum jemand kommt auf die Idee, „xeh" oder „xää" zu schreiben. Die Deutschschweizer haben standarddeutsche Wortbilder im Kopf. Weichen die notierten Wörter stark davon ab, werden der Lesefluss und die Leselust beeinträchtigt.

Wörter können aber dennoch sehr unterschiedlich geschrieben werden. Ein Beispiel bietet das Wort „Abend". Je nach Sprecher kann es z.B. in einer der folgenden Varianten geschrieben werden:

Obig Abig Obäd Obät Abäd Obä Abä

Damit Sie sich konkret vorstellen können, wie unterschiedlich Sprecher verschiedener schweizerdeutscher Dialekte ihre Mundart schreiben, finden Sie unten Übersetzungen folgender Begebenheit:

Die Katastrophe

Die Mutter kommt ins Zimmer der Tochter. Es ist leer. Auf dem Bett liegt ein Brief, in dem Folgendes steht:

„Liebe Mami
Es tut mir sehr Leid, dir sagen zu müssen, dass ich mit meinem neuen Freund von zu Hause weggegangen bin. Ich habe in ihm die wahre Liebe gefunden. Du solltest ihn sehen. Er ist so süß mit seinen vielen Tattoos und Piercings. Und erst sein Megateil von einem Motorrad! Aber das ist noch nicht alles, Mami. Ich bin endlich schwanger. Und Stevie sagt, wir werden ein schönes Leben haben in seinem Wohnwagen mitten im Wald. Er will viele Kinder mit mir. Das ist auch mein Traum! Ich hoffe so sehr, dass die Wissenschaft endlich ein Mittel gegen Aids findet, damit es Stevie bald besser geht. Du brauchst keine Angst zu haben, Mami. Ich bin schon dreizehn und kann gut auf mich selber aufpassen. Ich hoffe, ich kann dich bald besuchen, damit du deine Enkel kennenlernst.
Deine geliebte Tochter

P.S. Alles Blödsinn, Mami! Ich bin bei den Nachbarn. Wollte dir nur sagen, dass es schlimmere Dinge im Leben gibt als das Zeugnis, das auf dem Nachtkästchen liegt. Hab dich lieb!“

Die Art und Weise, wie folgende Dialekte notiert werden, ist von Sprecher zu Sprecher verschieden. Es gibt also auch innerhalb eines Dialekts keine einheitliche Schreibweise. Dennoch lassen sich gewisse regionale Eigenheiten erkennen. Versuchen Sie, sich durch die Lektüre der mundartlichen Texte in die verschiedenen Dialekte einzufühlen. Am besten wird Ihnen dies gelingen, wenn Sie die Passagen laut lesen.

Vorab noch ein Wort zu den Kantonen in Klammern: Es sind grobe Zuteilungen zu einer Dialektregion. Manche Deutschschweizer wären damit überhaupt nicht einverstanden. Zwischen den Kantonen herrscht eine gewisse Rivalität. Und es ist in der Deutschschweiz üblich, sich über andere Dialekte lustig zu machen. Insofern passt es den Zürchern und Aargauern gleichermaßen nicht, in denselben (Dialekt-)Topf geworfen zu werden. Ich hätte mich derartiger Kritik entziehen können, indem ich auf Kantonszuteilungen verzichtet hätte. Aus Sicht der Leserinnen und Leser erachte ich es jedoch als hilfreich, die Kantone in grobe Dialektregionen einzuteilen. Und ein Aargauer müsste wohl zugeben, dass sein Dialekt dem Zürichdeutschen ähnlicher ist als dem Bündner, Walliser oder Appenzeller Dialekt.

St. Galler Deutsch (ähnlich in folgenden Kantonen: Appenzell Ausserrhoden, Schaffhausen, Thurgau)

D'Katastrophä

D'Muätter chunt is Zimmer vo dä Tochter. Es isch läär. Uf äm Bett liit än Briäf, wo Folgändäs drin stoht:

„Liäbs Mami

Äs tuät mir mega Leid zum dir sägä, dass i mit mim neuä Fründ vo dihei wäggangä bi. Är isch mini wohr Liäbi. Du sötsch en gseh. Är isch so härzig mit sinä vilä Tattoos und Piercings. Und ersch sis Megateil

vomänä Töff! Aber da isch nonig aläs, Mami. I bi entli schwanger. Und dä Stevie seit, mir wäräd ä schös Läbä ha i sim Wohnwagä zmittst im Wald. Är wött vill Chind mit mir. Da isch au min Traum! I hoff so fesch, dass d'Wüssäschaft entli ä Mittel gegä Aids fint, dass äs äm Stevie bald besser goht. Du muäsch kei Angst ha, Mami. I bi scho dritzeni und cha guät uf mi sälber ufpassä. I hoff, i cha di bald cho go bsuächä. Denn chasch dini Enkel kenä lärnä.
Dini gliäbti Tochter

P.S. Aläs Saich, Mami! I bi bi dä Nochburä. Ha dir nur wölä sägä, dass äs schlimmäri Sachä git im Läbä als s'Zügnis, wo uf äm Nachtischli liit. Ha di gärn!"

Zürichdeutsch (ähnlich in folgendem Kanton: Aargau)

D'Katastrophe

D'Muetter chunnt is Zimmer vode Tochter. Es isch leer. Ufem Bett liet en Brief, wo Folgendes din staht:

„Liebs Mami
Es tuet mir uh leid, dir z'säge, dass ich mit mim neue Fründ vo dihei weggange bi. Ich ha i ihm die wahri Liebi gfunde. Du sötsch ihn gseh. Er isch so härzig mit sine villne Tattoos und Piercings, und erscht sis Megateil vomene Töff! Aber das isch na ned alles, Mami. Ich bin endli schwanger. Und dä Stevie seit, dass mir es schöns Läbe wärdet ha i sim Wohnwage zmitzt im Wald. Er möcht vill Chind mit mir. Das isch au min Traum! Ich hoff so fescht, dass d'Wüsseschaft endli es Mittel gäge Aids findet, damits em Stevie bald besser gaht. Du muesch kei Angst ha, Mami. Ich bin scho drizähni und cha guet uf mich sälber ufpasse. Ich hoff, ich cha dich bald go bsuecho cho, damit du dini Enkel kennelernsch.
Dini gliebti Tochter

P.S. Alles Seich, Mami. Ich bi bidä Nachbärä. Ha dir nur welle säge, dass es schlimmeri Sache im Läbe gitt als s'Zügnis, wo uf em Nachttischli liit. Ha di gärn!"

Berndeutsch

(ähnlich in folgenden Kantonen: Freiburg, Solothurn)

D'Kataschtrophe

D'Mueter chunt i ds Zimmer vor Tochter yne. Es isch läär. Ufem Bett ligt e Brief, wo Fougends schteit:

„Liebs Mami
I mues der leider säge, dass i mit mym nöie Fründ vo derheime wäg bi. Är isch myni wahri Liebi. Du müesstisch ne gseh, är isch so süess mit syne viune Tatoos u Piercings. U erscht no sy Megatöff! U das isch no nid aues, Mami. I bi ändlech schwanger. U dr Stevie seit, dass mer de es schöns Läbe hei i sym Wohnwage zmits im Waud. Är wott vili Ching mit mir, vo däm tröimen o ig. I hoffe ganz fescht, dass d Wüsseschaft ändlech es Mittu gäge Aids findet, so dass em Stevie baud besser geit. Muesch ke Angscht ha, Mami, i bi scho dryzähni u cha guet uf mi ufpasse. Hoffentlech chani di baud bsueche, für dess dyni Grossching kennelehrsch.
Dyni Tochter, wo du gärn hesch

P.S. Es isch nume Seich gsi, Mami. I bi by de Naachbaare. Ha der nume wöue säge, dass es Schlimmers git im Läbe aus ds Zügnis, wo ufem Nachttischli ligt. I ha di gärn!"

Baseldeutsch (Kanton Basel Stadt)

(ähnlich in folgendem Kanton: Basel Land)

D' Katastroophe

D' Mueter kunnt ins Zimmer vo dr Tochter. Es isch läär. Uf em Bett liggt e Brief, wo Folgendes drinstoht:

„Liebs Mammi
Es tuet mr sehr Läid dir saage z'müesse, dass ich mit mim nöie Fründ vo dähäi wäggange bi. Ich ha in ihm die wohri Liebi gefunde. Du sötsch'n mol seh. Är isch so härzig mit sine viile Tattoos und Piercings. Und erscht si Megabrätscher vomene Töff! Aber das isch no nit alles, Mammi. Ich bi ändlich schwanger. Und dr Stevie säit, dass mir e schöns Läbe in sim Wohnwage zmizt im Wald wärde ha. Är will viili Kinder mit mir. Das isch au mii Traum! Ich hoff ganz fescht, dass d'Wüsseschaft äntlich e Mittel gegä Aids findet, damits em Stevie bald bessr goht. Muesch käi Angscht ha, Mammi. Ich bi scho drizäh und ka guät uf mi sälber ufbasse. Ich hoff, ich ka di bald ko bsueche, damit du dini Grosskinder kennelersch.
Dini gliebti Tochter

P.S. Alles Säich, Mammi! Ich bi bi de Nochbere. Ha dr numme wölle sage, dasses schlimmeri Sache git im Läbe als das Zügnis, wo uf em Nachtkäschtli ligt. Ich ha di gärn!"

Luzerner Deutsch (ähnlich in folgendem Kanton: Zug - die Dialekte der Kantone Glarus, Nidwalden, Obwalden, Schwyz und Uri weichen etwas ab, gehören aber ebenfalls zur Zentralschweiz)

D'Kataschtrophe

D'Mueter chond is Zemmer vo de Tochter. Es esch läär. Ofem Bett liid e Brief, wo Folgendes denne schtod:

„Liebs Mami
Es tod mer leid, der mösse zsäge, dass ech met mim neue Frönd vo dehäime wäggange be. Ech ha i ehm die wohri Liebi gfonde. Du sötsch ehn gseh. Är esch so süess met sine vele Tattoos ond Piercings. Ond de sis Megateil vomene Töff! Aber das esch nonig alles, Mami. Ech be ändlech schwanger. Ond de Stevie säid, mer wärded es schöns Läbe ha i sim Wohnwage zmetzt em Wald. Är wot veli Chend met mer. Das

esch au mine Traum! Ech hoffe so fescht, dass d'Wösseschaft ändlech es Mettel gäge Aids fendet, so dass es em Stevie bald besser gohd. Du muesch käi Angscht ha, Mami. Ech be scho drizäni ond cha guet för mech sälber luege. Ech hoffe, dass ech dech bald cha bsueche, damet du dini Änkel könne lehrsch.
Dini gliebti Tochter

P.S. Alles Säich, Mami! Ech be bede Nochbere. Ha der nor welle säge, dass es schlemmeri Sache em Läbe ged als das Zügnis, wo ofem Nachtteschli lid. Ha di gärn!"

Walliser Deutsch

D'Katastrofu

D'Müetter chunt ins Zimmer fo der Tochter. Es isch leer. Uf um Bett isch ä Briäf mit dum folgundu Text:
„Liebs Mami
Es tuät miär sehr leid, dass ich diär muess sägu, dass ich mit mim niwu Fründ fo duheimu wäggangu bin. Ich han in ihm di wahri Liäbi gfundu. Du sältisch ihn gseh. Er isch so härzig mit sinu filu Tattoos und Piercings. Und erscht sis Megateiil vomunu Töff! Aber das isch no nid alles, Mami. Ich bin ändlich schwanger. Und der Stevie seit, das wiär es schöns Läbu i sinum Wohnwagu zmitzt im Wald ha wärde. Er will viel Chinder mit miär. Das isch öi min Tröim! Ich hoffu so sehr, dass d'Wissuschaft ändlich äs Mittel gägu Aids findut, das es dum Stevie bald besser geiht. Du müäsch kei Angst ha, Mami. Ich bin scho drizäh und cha guät uf mich sälber üfpassu. Ich hoffu, dass ich dich bald bsuächu cha, das du dini Änkel känulehrsch.
Dini gliäbti Tochtär

P.S. Das isch alles Chabus, Mami! Ich bin bi du Nachbaru. Ich ha diär nur wällu sägu, dass äs im Läbu schlimmeri Sache git als äs Zignis, das ufum Nachttisch isch. Ich ha dich gäru!"

Bündner Deutsch (Kanton Graubünden)

D'Katastropha

Ds Mami kunnt ins Zimmer vur Tochter. Das isch leer. Uf am Bett liet an Briaf. In dem stooht Folgendes:

„Liabs Mami
As tuat miar u leid, diar müassa säga, dass i mit minam neua Fründ vo dahei wegganga bin. I han in ihm dia wahri Liabi gfunda. Du söötschna gseh. Er isch so süass mit sina villna Tattoos und Piercings. Und erscht sis Megateil vomana Töff! Aber das sich no nid alles, Mami. I bin endlich schwanger. Und da Stevie sait, miar werdand as schöns Leba ha in sinam Wohnwaga mitta im Wald. Er will vill Kinder mit miar. Das isch au min Traum! I hoffa so sehr, dass d Wüssaschaft endlich as Mittel gega Aids findat, damits am Steivei bald besser goht. Du muasch kei Angscht ha, Mami. I bin scho driizehn und kann guat uf mi selber ufpassa. I hoffa, di bald z bsuacha damit du dini Enkel kenna lernsch.
Dini gliabti Tochter

P.S. Alles Quatsch, Mami! I bin bida Nochbara. I han diar numa wella säga, dass as schlimmari Sacha git als das Zügnis, wo uf am Nachttischli liit. Han di u gära!"

Appenzeller Deutsch (Kanton Appenzell Innerrhoden)

D'Katastrophe

D'Muetter chont id'Chammere vo de Töchter. Die ischt läär ond uf em Bett föndt sie en Brief. Dei inne stoht:

„Liäbs Mami
I moss der no säge, dass i mit mim Fründ zemezüche tue. I ha mini Liebi för miner Lebtig gfonde. Du söttischt en gsieh. Am beschte gfallet mer an em die viele Tattoos ond die huffe Piercings. Ond ersch sis Megateil vomänä Töff - das ischt de Hammer! Aber das ischt no nüd

alls. I bi endlich schwanger! Ond de Stevie ment, mer werids i sim Wohnwage zmittst im Wald unheimlich schöne ha. Er wott ebe en huffe Goofe mit mer. Ond graad das will i au! Natüülig hoffid mer, dass d'Wisseschaft bald e guets Mittel gege Aids fönt, damits em Stevie bald wieder besser goht. Muetter, moscht aber gliich e ke Noot ha, i cha ganz guet uf mi sölber uufpasse, schliesslig bin i jo scho drizehni. Chomm bald zonis, denn chascht dini Grosschend denn au chenne leene.
Dini gliebt Töchter

P.S. Ischt alls gflunkeret ond halb as letz. I bi bi de Noochpuure ond ha der gad wele säge, dass es im Lebe no viel schüüligers get, as mis Zügnis uf em Chäschtli. I ha di geen!"

Fühlten Sie sich in einem Dialekt gleich zu Hause? Vielleicht sollten Sie Ihre nächste Schweizreise in diese Gegend planen. Wenn Ihr

Reiseziel jedoch von einem äußeren Umstand vorgegeben ist, können Sie sich mittels obigen Texten auf den Sie erwartenden Dialekt einstellen und sich das eine oder andere Wort bereits einprägen. Ebenso wichtig wie spezifische Ausdrücke sind der Klang und lautliche Besonderheiten eines Dialekts. Vokale spielen dabei eine zentrale Rolle. Im Walliser Deutsch fällt beispielsweise das „u" auf, im St. Galler Deutsch das „ä", im Luzerner Dialekt das „e" und im Bündner Deutsch das „a". Solches Wissen kann in der Kommunikation mit Sprechern der jeweiligen Dialekte hilfreich sein.

Schweizer Hochdeutsch

Schweizer haben oft einen deutlichen Akzent, wenn sie Hochdeutsch sprechen. Kennzeichnend sind ein dunkles „a", ein raues „ch" und ein singender Tonfall. Deutsche neigen dazu, diese Sprache - das Schweizer Hochdeutsch - für Schweizerdeutsch zu halten. Es ist die Sprache, die Deutschschweizer verwenden, wenn sie mit Nicht-Schweizern - insbesondere mit Deutschen - kommunizieren.

Die Schweizer empfinden die erwähnten Abweichungen vom deutschen Hochdeutsch nicht grundsätzlich als Defizite. In der Kommunikation mit Deutschen kommt jedoch häufig ein Gefühl der Unterlegenheit auf. Dieses basiert auf dem langsameren Sprechtempo und der Überzeugung, das Schweizer Hochdeutsch klinge holprig und bodenständig. Allgemein wird ein selbstbewusstes Schweizer Hochdeutsch angestrebt. Es ist Unterrichtssprache an Deutschschweizer Schulen und wird im Radio und Fernsehen in Informationssendungen verwendet. Ein Deutschschweizer, der perfektes Bühnendeutsch spricht, erntet von seinen Landsleuten eher skeptische Blicke als Anerkennung. Sie gehen davon aus, dass der Betreffende sich längere Zeit in Deutschland aufgehalten hat (die freundlichere Variante) oder (die unfreundlichere Variante) ein Angeber ist.

Wenn also ein Deutscher einen Deutschschweizer ohne Weiteres versteht, kann er davon ausgehen, dass sein Gesprächspartner Schweizer Hochdeutsch und nicht Schweizerdeutsch spricht. Gesprochenes Hochdeutsch wird umgangssprachlich auch Schriftdeutsch genannt. Dieser Ausdruck liegt in der medialen Diglossie begründet, die das Hochdeutsch auf die Schriftlichkeit beschränkt. Lehrpersonen achten jedoch heute darauf, das Wort „Schriftdeutsch“ nicht mehr zu verwenden. Seine Konnotation ist negativ. Der Begriff verbannt das Hochdeutsch geradezu in die schriftliche Kommunikation. Das erklärte Ziel der Schule ist es heute, den Schülern einen unverkrampften Zugang zur Standardsprache zu gewährleisten. Hochdeutsch soll selbstverständlich und selbstbewusst gesprochen werden - auch in emotionalen Situationen. Es soll nicht mehr nur eine Sprache der Distanz und Formalität sein. Das Ziel ist eine positive Einstellung gegenüber der „Fremdsprache“ Deutsch.

Das Schweizer Hochdeutsch grenzt sich von der deutschen und der österreichischen Standardsprache stark ab. Abweichungen finden sich in allen Bereichen des Sprachsystems: in der Aussprache, dem Satzbau, dem Wortschatz, der Wortbildung und der Rechtschreibung. Diese sprachlichen Eigenheiten werden Helvetismen genannt. Sie sind Thema des nächsten Kapitels.

Es gibt verschiedene Erklärungen, weshalb das Schweizer Hochdeutsch anders klingt als die Standardsprache anderer deutscher Sprachregionen:

Interferenz

Das Schweizer Hochdeutsch weicht von der im Duden beschriebenen Standardlautung klar ab. Der Grund dafür ist, dass das Schweizerdeutsch die korrekte Aussprache „stört“, dass sich also Interferenzen bilden. Der „ch“-Laut im Verb „möchte“ wird auf Hochdeutsch eigentlich weich ausgesprochen wie in „ich“. Im Schweizerdeutschen wird der „ch“-Laut jedoch durchweg rau gesprochen. Deshalb gelingt es Deutschschweizern nicht immer, den „ich“- und den „ach“-Laut der Standardlautung korrekt auszusprechen. Die Theorie der Interferenzen erklärt auch, weshalb Berner ein anderes Hochdeutsch sprechen als St. Galler: Der Berner Dialekt verursacht andere Interferenzen als der St. Galler Dialekt.

Sprachkonvention

Erstaunlicherweise sprechen Erstklässler an Deutschschweizer Volksschulen ein Hochdeutsch, das der Standardnorm Deutschlands näher kommt als das Hochdeutsch von Zweit- und Drittklässlern. Die Schulanfänger kennen das Hochdeutsch insbesondere vom Fernsehen und bekunden weniger Mühe mit der korrekten deutschen Aussprache als Zweitklässler. Diese Fakten deuten darauf hin, dass Kinder in den ersten Schuljahren lernen, wie Schweizer Hochdeutsch zu klingen hat. Das Schweizer Hochdeutsch ist demnach das Resultat eines Lernprozesses und die Anpassung an eine Sprachkonvention.

Schriftlichkeit

In der mündlichen Kommunikation wird die Standardsprache kaum außerhalb der Schule verwendet. Daher ist der Einfluss der Schule auf die Qualität der Schweizer Standardsprache groß. Bis vor wenigen Jahren war es üblich, die Prinzipien der Schriftlichkeit in den Vordergrund zu stellen, wenn in der Schule Hochdeutsch gesprochen wurde. Eine typische Forderung dieser Art war, von den Schülern ganze Sätze zu verlangen. Häufig wurde in der mündlichen Kommunikation auf Hochdeutsch eher auf die korrekte Formulierung als auf den Inhalt geachtet. Untersuchungen haben gezeigt, dass die hochdeutsche Erzählung eines Sechstklässlers zwar einen verfeinerten Satzbau beinhaltet als die Erzählung eines Erstklässlers, dass sie aber unnatürlich und steif ist und eins zu eins aufgeschrieben werden könnte. Wie oben beschrieben, wird dieser Tendenz in der Schule jetzt entgegengesteuert.

Viele Deutschschweizer aller gesellschaftlichen Schichten bekunden Mühe damit, Hochdeutsch zu sprechen. Sie finden ihre Sprache schwerfällig. Ab und an soll es sogar vorkommen, dass Deutschschweizer aufgrund ihrer Sprache von Deutschen belächelt werden. Dann hilft nur noch die Flucht in die schweizerdeutsche Muttersprache, die für die meisten Deutschen nicht problemlos zu verstehen ist. Einzige Ausnahme bilden die Südbadner, deren eigener Dialekt nicht weit entfernt ist vom Schweizerdeutschen (z.B. rollendes „r" und breit gesprochene Umlaute). Umgekehrt werden Deutschschweizer in Norddeutschland manchmal für Süddeutsche gehalten.

Helvetismen

Im letzten Kapitel habe ich die Helvetismen bereits kurz gestreift. Jetzt geht es darum, ihnen genauer auf die Spur zu kommen. Einerseits wird jede sprachliche Besonderheit Helvetismus genannt, die typischerweise in der Schweiz und nicht im gesamten deutschen Sprachraum verwendet wird (z.B. „parkieren" oder „Müesli"). Andererseits wird der Begriff analog zu Ausdrücken wie Anglizismus, Austriazismus oder Teutonismus (Deutschland-spezifisch) gebraucht. Demnach sind Wörter Helvetismen, deren Ursprung im Schweizerdeutschen liegt, die heute aber zum allgemein gebräuchlichen Wortschatz des Standarddeutschen gehören (z.B. „Lawine", „Putsch" oder „Müsli").

Wörter, deren Verwendung auf einen schweizerdeutschen Dialekt beschränkt ist, werden mundartlich genannt (z.B. „geng" für „immer" im Berndeutschen) und dürfen nicht mit Helvetismen verwechselt werden. Letztere sind Bestandteil der Schweizer Standardsprache, des Schweizer Hochdeutschen, und werden in der ganzen Deutschschweiz verstanden und benutzt (z.B. „grillieren" für „grillen" oder „Coiffeur" für „Friseur").

Der Begriff Helvetismus bezieht sich nicht nur auf abweichenden Wortschatz, sondern auch auf phonetische, grammatische oder orthografische Besonderheiten. Das fehlende Eszett im Schweizer Hochdeutschen ist also auch ein Helvetismus. Im Folgenden finden Sie eine Sammlung verschiedener Helvetismen.

Wortschatz

Helvetismen können etwas bezeichnen, wofür es keinen standarddeutschen Ausdruck gibt. Sie können aber auch neben einem standarddeutschen Wort verwendet werden oder ein solches ersetzen. Links steht der Helvetismus, rechts die Übersetzung in die Standardsprache Deutschlands.

Küche

Baumnuss	Walnuss
Beiz	Kneipe
Coupe	Eisbecher
Glacé	Eis
Gipfeli	Hörnchen
Metzgete	Schlachtplatte
Morgenessen	Frühstück
Nachtessen	Abendessen
Panaché	Radler
Paprika	Paprikagewürz

Peperoni	Paprika
Peperoncini	Peperoni
Poulet	Huhn
Rüebli	Karotte
tischen	den Tisch decken

Haus

Estrich	Dachboden
Finken	Hausschuhe
Harass	Getränkekiste
Kehrichtsack	Müllbeutel
Pfanne	Topf
Riegelhaus	Fachwerkhaus
Spannteppich	Teppichboden
Spital	Krankenhaus
Tumbler	(Kleider-)Trockner
versorgen	wegräumen
wischen	fegen
zügeln	umziehen

Verkehr

Ausfahrt	Abfahrt
Abzweigung	Abzweig
Billett	Fahrkarte, Führerschein
Fahrausweis	Führerschein
Garage	Autowerkstatt
kehren	wenden
Kondukteur	Schaffner
Lichtsignal	Verkehrsampel
Occasion	Gebrauchtwagen
Perron	Bahnsteig

Pneu	Autoreifen
Rank	Kurve
Trottoir	Bürgersteig
Velo	Fahrrad
Vortritt	Vorfahrt

Allerlei

allfällig	etwaig
angriffig	angriffslustig
antönen	andeuten
aufgestellt	fröhlich
Aufsteller	gute Nachricht
ausjassen	aushandeln
eindrücklich	eindrucksvoll
es streng haben	viel zu tun haben
extra	absichtlich
fuhrwerken	herummachen, hantieren
Hans was Heiri	Jacke wie Hose
hässig	wütend
herzig	süß
innert nützlicher Frist	angemessen schnell
krampfen	angestrengt arbeiten
Quartier	Stadtviertel
Rappenspalter	Geizkragen
schlussendlich	letztendlich
schmecken	riechen/schmecken
speditiv	zügig
stimmen	seine Stimme abgeben
Umschwung	zugehöriges Land ums Haus herum
werweissen	hin- und herüberlegen
zwängeln	quengeln

Aussprache

In der Schweiz werden einige Wörter auf anderen Silben betont als im restlichen deutschsprachigen Raum. Der Akzent zeigt an, welche Silben in der Schweizer Standardsprache betont werden.

▷ Familiennamen mit einer Präposition werden immer auf der Präposition betont: z.B. „vón Allmen". Diese Regel gilt auch, wenn die Präposition in den Namen integriert ist: z.B. „Zúmstein".

▷ Aus Buchstaben bestehende Abkürzungen werden auf dem ersten Buchstaben betont: z.B. „Zéde" für „CD", „Wéze" für „WC" oder „Zéfaupe" für „CVP".

▷ Fremdwörter aus verschiedenen Sprachen werden auf der ersten Silbe betont: z.B. „Ásphalt", „Bíllet", „Fílet", „Gárage", „Lábor", „Pápagei", „Pénalty" oder „Pórtemonnaie".

Nicht nur die Betonung weicht von der Aussprache in Deutschland ab, sondern auch gewisse Laute. Grundsätzlich wird die Aussprache des Hochdeutschen stark vom Dialekt des Sprechers beeinflusst. Einige Abweichungen sind jedoch in der ganzen Deutschschweiz zu beobachten.

▷ Die Auslautverhärtung wird nicht durchgeführt. „Rad" und „Rat" werden im Schweizer Hochdeutsch also unterschiedlich ausgesprochen.

▷ „S" wird immer stimmlos ausgesprochen - auch in Wörtern wie „Ameise".

▷ „V" wird manchmal wie „f" ausgesprochen: z.B. in „Advent" oder „Ventilator".

▷ „ig“ am Wortende wird anders als im Deutschen buchstäblich, also nicht wie „ich“, ausgesprochen: z.B. „König“, „giftig“ oder „kantig“.

▷ In der Schweizer Standardsprache wird das „r“ ausgesprochen und nicht „übergangen“ (vokalisiert) wie in der deutschen Standardsprache. D.h. das Wort „Vater“ wird im Schweizer Hochdeutschen „Fater“ und nicht wie in der deutschen Standardsprache „Fata” ausgesprochen.

▷ In der Deutschschweiz wird mit Ausnahme der Ostschweiz und des Kantons Basel Stadt das „r“ gerollt.

▷ Doppelt geschriebene Konsonanten werden häufig lange ausgesprochen: z.B. wird „immer“ wie „immmmmer“ ausgesprochen (mit kurzem „i“ und einem „m“, das länger als in der deutschen Standardsprache gesprochen wird).

▷ Je nach Gewandtheit im Umgang mit Hochdeutsch sprechen manche Deutschschweizer „ch“ immer rau aus und unterscheiden nicht zwischen „ich“- und „ach“-Laut.

▷ Ähnlich wie beim „ch“-Laut verhält es sich beim „k“. Das „k” soll vorne - wie in der deutschen Standardsprache - gesprochen werden. Ungeübte Hochdeutsch-Sprecher in der Deutschschweiz artikulieren das „k“ am gleichen Ort wie das raue „ch“.

▷ In vielen schweizerdeutschen Dialekten wird der Laut „a“ dunkel ausgesprochen (wenn man mit dem Mund zuerst ein „a” formt und dann langsam zu einem „o” übergeht, entsteht in der Mitte der Laut des dunklen „a”, z.B. beim Wort „Bahnhof“). Diese Gewohnheit schlägt sich auch im Schweizer Hochdeutschen nieder.

▷ Ein besonderes Merkmal des Schweizer Hochdeutschen ist der singende Tonfall. Betonungen werden also nicht nur durch eine Veränderung der Lautstärke gekennzeichnet, sondern auch durch eine deutliche Veränderung der Stimmhöhe. Normalerweise sinkt die Tonhöhe bei der betonten Silbe.

Grammatik

Im Schweizer Hochdeutschen existieren unterschiedliche grammatikalische Abweichungen gegenüber der deutschen Standardsprache.

▷ Manche Nomen haben ein anderes grammatikalisches Geschlecht: z.B. „das E-Mail", „das Tram" und „das SMS" statt „die".

▷ Gewisse Verben werden anders kombiniert: z.B. „jemanden anfragen" statt „bei jemandem anfragen".

▷ Häufiger als in Deutschland oder Österreich kommen in der Schweiz Ausdrücke vor, die sowohl die weibliche als auch die männliche Form berücksichtigen. Diese Ausdrucksweise beschränkt sich nicht nur auf Leute, die der politischen Korrektheit große Bedeutung beimessen: z.B. SchülerInnen, Kandidat/innen, Herr Bundesrat und Frau Bundesrätin oder die Schweizer und Schweizerinnen.

▷ Im Schweizer Hochdeutschen werden die Relativpronomen „welcher, welche, welches" häufig verwendet. Im Gegensatz zum übrigen deutschen Sprachraum gelten sie in der Deutschschweiz nicht als altmodisch und schwerfällig. Sätze wie: „Die Stadtmauer, welche im 12. Jahrhundert errichtet wurde, ist heute noch gut erhalten." sind keine Seltenheit.

▷ Bestimmte Nomen werden mit einem anderen Fall kombiniert: z.B. „10 % Rabatt auf allen Artikeln" statt „10 % Rabatt auf alle Artikel".

▷ Auch im Satzbau gibt es Besonderheiten im Schweizer Hochdeutsch. Ein Beispiel sind Konstruktionen mit verkürztem Hauptsatz. Der folgende Nebensatz wird nur durch die Anfangsstellung des Verbs gekennzeichnet: z.B. „Gut, bist du so schnell gekommen." statt „Es ist gut, dass du so schnell gekommen bist." oder „Schade, klappt es nicht." statt „Es ist schade, dass es nicht klappt."

Der erste Kontakt mit Deutschschweizern

Ein Ratschlag gleich vorweg: Kommen Sie irgendwo in Kontakt mit Deutschschweizern und möchten zeigen, dass Sie Schweizerdeutsch sprechen, versuchen Sie sich bitte nicht mit dem Wort „Chuchichäschtli" (Küchenschrank). Es sind schon ein paar Nicht-Deutschschweizer vor Ihnen auf die Idee gekommen … Ehrlich gesagt: Die meisten Deutschschweizer finden den Begriff abgelutscht. Er ist passé.

Wenn Sie sich also nicht von vornherein ins Abseits manövrieren wollen, behalten Sie das „Chuchichäschtli" für sich und zeigen Ihre Schweizerdeutsch Kenntnisse anhand von anderen Vokabeln. Wie wäre es beispielsweise mit einem astreinen „Grüezi"? Es ist ein Schlüsselwort, an dem jede Deutschschweizerin und jeder Deutschschweizer sofort erkennt, ob jemand perfekt Schweizerdeutsch spricht. Es wird aber auch honoriert, wenn sich jemand mit Akzent an den urschweizerischen Gruß wagt. So gelten die Welschen in der Deutschschweiz als süß, wenn sie einen mit „Grützi" grüssen.

Am kleinen Wort „Grüezi" kann ein Schweizerdeutsch-Sprecher problemlos einer Dialektregion zugeordnet werden. Zürcher sagen „Grüezi", Ostschweizer „Grüäzi", Bündner „Grüazi" und Berner „Grüessech". Die ersten drei Formen klingen ähnlich. Sie stammen vom Ausdruck „Grüß Sie" ab. Der Berner Gruß hingegen tanzt aus der

Reihe. Das kommt daher, dass die Höflichkeitsform statt „Sie“ und „Ihnen“ im Berndeutsch „Dihr“ (Ihr) und „Öich/-ech“ (Euch) heißt - also „Grüß Euch“ statt „Grüß Sie“.

Wenn Sie als Ausländer eine der Grußformen beherrschen, reicht dies vollkommen aus. Sie können diese in der ganzen Deutschschweiz verwenden. Auch die Deutschschweizer passen ihre Ausdrücke und Aussprache nicht ihrem jeweiligen Aufenthaltsort an. Ein Berner in einer Zürcher Konditorei sagt trotz mundartlichem Fremdland „Grüessech“. Umgekehrt grüßt eine St. Gallerin den Kellner in Bern mit „Grüäzi“ wie zu Hause. Sich einen anderen als den eigenen Dialekt anzugewöhnen, ist für Deutschschweizer schwierig bis unmöglich. Selbst wenn der Umzug in eine andere Dialektregion Jahre zurückliegt, ist der muttersprachliche Dialekt ohne weiteres erkennbar.

Insofern muss es Sie nicht beunruhigen, wenn man Ihnen auch nach längerem Aufenthalt in der Schweiz Ihre Herkunft anhört. Ihre Gesprächspartner werden Ihre Bemühungen so oder so begrüßen. Sollten sie im Gespräch mit Ihnen in die Standardsprache wechseln, obwohl Sie schon längst Schweizerdeutsch verstehen, fordern Sie Ihr Gegenüber dazu auf, Dialekt zu sprechen. Ein solcher Hinweis wird im Allgemeinen sehr geschätzt. Umgekehrt sollten Sie das Switchen ins Hochdeutsche nicht als Affront, sondern als Entgegenkommen verstehen.

Haben Sie das „Grüezi“ noch im Ohr? Sind Sie warm gelaufen? Bis jetzt haben Sie sich mit Vorübungen befasst. Die Zeit ist reif für eine Zwischenbilanz. Lesen Sie folgende schweizerdeutsche Schnabelwetzer:

Dä Pabscht hät s'Späckbschteck z'Spiez z'schpot bschtellt.
(Der Pabst hat das Speckbesteck in Spiez zu spät bestellt.)

Wenn din Buäb mim Buäb nomol seit Buäb, denn chunt min Buäb und haut din Buäb, dass din Buäb mim Buäb nümä seit Buäb.
(Wenn dein Bub meinem Bub nochmals Bub sagt, dann kommt mein Bub und schlägt deinen Bub, dass dein Bub meinem Bub nicht mehr Bub sagt.)

Lüthis Lüüti lütät lütär als Lühtis Lüüti lütät.
(Lüthis Glocke läutet lauter als Lühtis Glocke läutet.)

Wenn Sie die Zungenbrecher schnell aufsagen können und sie verstehen, ohne die Übersetzung zu beachten, kann ich nur sagen: „Chapeau!“, Sie sind schon ein richtiger Schweizerdeutsch-Crack.

Nach der Aufwärmphase wird es jetzt ernst. Das Training geht in die entscheidende Phase. Jetzt geht es um die Wurst. Und zwar um den Cervelat („Serwela“ gesprochen), die Schweizer Pökelwurst …

Von „aagfrässä“ bis „füdliblutt“

In diesem und den folgenden drei Kapiteln lernen Sie die unterschiedlichsten schweizerdeutschen Wörter und Ausdrücke kennen, die Sie ganz konkret anwenden können. Ein Sympathiebonus ist Ihnen sicher, wenn Sie das eine oder andere Wort gekonnt und passend in Ihre Konversation einfließen lassen. Einige Ausdrücke kennen Sie bereits aus dem Kapitel über die Helvetismen.

Die Deutschschweizer können von etwas ganz schön „aagfrässä“ sein. Sicherlich haben Sie die Bedeutung korrekt übersetzt: „angefressen“. Angefressen? Von einem Hund? Oder einem Piranha? Neeeein! Natürlich nicht. Hunde gibt es zwar en masse in der Deutschschweiz - auch solche, die gelegentlich zuschnappen. Bei den Piranhas wird es schon schwieriger … Das Wort „aagfrässä“ ist im übertragenen Sinn zu verstehen. Wenn jemand von einer Sache „aagfrässä“ ist, ist er ein großer Fan davon. Beispielsweise sind Leute „aagfrässä“ von einer Musikband, vom Wandern oder vom - vor allem unter Jugendlichen verbreitet - Daddeln am Computer. Ins Standarddeutsche übersetzt heißt „aagfrässä“ also „überzeugt“ oder „engagiert“.

Manchmal „gurkt“ es die Deutschschweizer aber auch „an“. Dann sagen sie vielleicht: „Da gurkt mi riisig aa!“ Dabei denken sie nicht im Geringsten an das grüne Gemüse. Wohl eher an eine zermatschte Tomate … Es ärgert oder nervt sie nämlich etwas gewaltig. Da hilft nicht mal ein Gurkensalat weiter - und sei er noch so „aamächelig“ (Lust oder Appetit machend).

Gemüse kauft man in der Schweiz in der Migros, im Coop, im Denner, im Volg oder neuerdings auch im Aldi. In einer Stadt kann man häufig samstagmorgens auch auf den Gemüsemarkt gehen. Je nach Jahreszeit ist die Wahrscheinlichkeit hoch, dass die eine oder andere Gemüsesorte „Aktion ist“. Es gibt meistens irgendein Sonderangebot. Wenn Sie in einem kleinen Lebensmittelgeschäft einkaufen und gerne fünf große Kürbisse hätten, sagt die Verkäuferin vielleicht zu Ihnen: „Do sind äfeng drü. Di andärä zwei holi grad dihinä.“ (Da sind schon mal drei. Die anderen zwei hole ich gleich von hinten.)

Das Kaffeetrinken ist in der Deutschschweiz sehr beliebt. Treffen sich Freundinnen, gehen sie häufig „käfele“ (gemeinsam Kaffee trinken - sei es zu Hause oder im Café und sei es zu einer Tasse Kaffee, Tee oder einem Glas Wasser). Da kann es schon mal vorkommen, dass jemand „allpott“ die Toilette aufsuchen muss. Die Person ist dann immer wieder auf dem WC anzutreffen und erklärt sich so: „I muä amigs vill ufs Hüsli, weni Kafi trunkä ha.“ (Ich muss immer (im Sinne von „jeweils“) häufig aufs Klo, wenn ich Kaffee getrunken habe.) „Amigs“ hat eine zweite Bedeutung: manchmal. Wenn Sie jemanden fragen, ob er häufig in diesem Club anzutreffen sei, lautet die Antwort möglicherweise „jo, amigs“ oder - gleichbedeutend - „jo, mengisch“.

Wenn Sie weniger der Club- oder Discogänger sind, können Sie sich mit Ihren Kolleginnen und Kollegen auch in der „Beiz“ (Kneipe) treffen. Unter „Kolleginnen und Kollegen“ verstehen Deutschschweizer nicht nur Arbeitskolleginnen und -kollegen, sondern auch private Freunde. Die Wörter „Fründ“ oder „Fründin“ sind im Allgemeinen den Allernächsten und den Frauen vorbehalten. Männer sprechen eher vom „beschtä Kolleg“ als von einem „Fründ“. Frauen bezeichnen sich gegenseitig eher als „Fründin“. Wenn eine Frau vom „Fründ“ oder ein Mann von der „Fründin“ spricht, ist der Lebenspartner resp. die Lebenspartnerin gemeint.

Es ist in der Deutschschweiz üblich, mit der Freundin oder dem Freund vor der Heirat eine Zeit lang im Konkubinat zu leben. In den meisten Partnerschaften gehen beide einer Erwerbstätigkeit nach. Im Gegenzug wird der Haushalt auch aufgeteilt. Viele Männer sind aufgeschlossen und erledigen die meisten anfallenden Arbeiten selbstverständlich. Die große Ausnahme ist die Wäsche, die häufig Frauensache bleibt. Wer hingegen mit dem „Schüfeli und Bäsäli“ die „Brösmeli“ in der Küche „zemäwüschä muä“, ist Verhandlungssache. Je nach Situation, Laune und Gewohnheiten kehrt dann der Mann oder die Frau die Krümel mit dem Handfeger und dem Kehrblech zusammen.

Im Schweizerdeutschen gibt es Teekessel- oder Chamäleon-Wörter. Je nach Kontext ändern sie ihre Bedeutung. „Billett“ ist ein solches Wort. Wollen Sie in ein Konzert, müssen Sie sich ein „Billett“ (Eintrittskarte) besorgen. Wollen Sie mit dem Zug fahren, müssen Sie ein „Billett“ (Fahrschein) lösen. Der „Konduktör“ (Schaffner) wird Sie mit dem Hinweis „Ali Bilie bitte!“ dazu auffordern, Ihren Fahrschein zu zeigen. Werden Sie jedoch im Auto von der Polizei angehalten und dazu aufgefordert, Ihr „Billett“ zu zeigen, müssen Sie nicht die Zugfahrkarte, sondern Ihren Führerschein hervorkramen.

In der Deutschschweiz gibt es - wie überall auf der Welt - Leute, die „biräweich“ sind. Wenn ein Autofahrer beispielsweise innerorts mit 80 statt den erlaubten 50 km/h unterwegs ist, hat er dieses Prädikat verdient. Ein solcher Typ darf sehr wohl als „außerordentlich dumm“ bezeichnet werden.

Wenn Sie eine Deutschschweizer Familie zu Besuch haben, sagt das Kind möglicherweise zu Ihnen:

„I muä go bislä“ oder
„I muä go brünzlä“ oder
„I muä go brünälä“ oder
„I muä än Brunä go machä“ oder
„I muä än Bisi go machä“ oder
„I muä go Pipi machä“.

Dann sucht es nichts weiter als das Klo. Es muss pinkeln. Die Eltern würden wahrscheinlich eher sagen:

„I muä ufs WC“ oder
„I muä ufs Hüsli“ oder
„I muä uf Toalette“ oder
„I muä ufs Aabee“.

Junge Männer unter sich verwenden manchmal noch weitere, vulgärere Ausdrücke in derselben Situation:

„I muä go pissä“ oder
„I muä go saichä“ oder
„I muä go schiffä“ oder
„I muä ufd Schiissi“.

Eines der schweizerdeutschen Lieblingswörter von Ausländern ist „ä(s) bitzäli“, was „ein bisschen“ bedeutet. Es tönt irgendwie niedlich und ist daher geeignet, sich über die Eidgenossen lustig zu machen - in einer wohlwollenden Art und Weise selbstverständlich. Fragt ein Deutschschweizer einen Deutschen, ob er Schweizerdeutsch spricht, lautet häufig die Antwort mit einem Augenzwinkern „ä bitzäli“.

Bäckereien in fremden Ländern sind ein spannender und aufschlussreicher Ort. Sie bieten die Gelegenheit, viele fremde Wörter zu lernen. Gleichzeitig ist die Gefahr jedoch groß, sich zu verlieren und am Schluss nicht das Gewünschte zu bekommen.

In einer Bäckerei in der Deutschschweiz hören Sie Ausdrücke wie „Bölätünä“, „Nidelwaaiä“, „Silsergipfeli“ oder „Chriäsifladä“. Es sind alles zusammengesetzte Wörter. Und Sie verstehen keinen einzigen Teil davon? Keine Sorge. Es sind alles Mundartausdrücke:

Bölä/Bölle	Zwiebel
Tünä/Waaiä/Fladä	Wähe, Fladen (Schweizer Hochdeutsch) - Flacher, gefüllter Kuchen (süß oder herzhaft)
Nidel	Rahm
Silserbrötli	Laugenbrötchen
Gipfeli	Hörnchen
Chriäsi	Kirschen

Die Schweizer bilden nicht immer eine Einheit - auch wenn sie nach außen so scheinen mögen. Wie überall gibt es auch in der Schweiz Menschen von jeder Sorte. Eine spezielle Sorte sind die „Bünzlis“. Der Ausdruck „Bünzli-Schwiizer“ ist ein fester Begriff geworden, mit dem Deutschschweizer andere Eidgenossen herablassend bezeichnen. Besondere Eigenschaften eines „Bünzlis“ sind Perfektionismus, Pünktlichkeit, Anstand als lächelnde Maske, Ordentlichkeit, der Hang zu Tratschgesprächen bei Nachbar A über Nachbar B und ein langweiliges Leben. Das sind sie, unsere „Bünzlis“, unsere Spießbürger. Jeder kennt einige davon. Aber niemand zählt sich selbst dazu.

„Cheib“ und „Chog“ sind spezielle Deutschschweizer Ausdrücke. Sie gehören auch zu den Chamäleonwörtern und können unterschiedlich kombiniert werden. Für Nicht-Deutschschweizer ist die Erschließung der verschiedenen Bedeutungen nicht ganz ohne.

„Cheib“ und „Chog“ bedeuteten ursprünglich „Kadaver“. In diesem Sinn werden die beiden Wörter heute nicht mehr verwendet. Viele Deutschschweizer sind sich dieses Ursprungs nicht bewusst. Die beiden Wörter können als einzelne Nomen gebraucht werden und haben dann die Bedeutung von „Kerl“ oder „Dummkopf“. Je nach Situation und Kontext sind sie wohlwollend oder abwertend gemeint. „Cheib“ und „Chog“ kommen aber auch in vielen zusammengesetzten Ausdrücken vor:

chogä-, cheibämässig	viel, sehr, ungeheuer
chogä blöd	sehr blöd
cheibä läss	sehr lässig
chogä vill Gäld	sehr viel Geld
Da isch cheibä tüür!	Das ist ganz schön teuer!
ä chogä Züügs	eine dumme Sache
alä Cheib, alä Chogs	alles Mögliche
Dä cheibä Chog!	Dieser Mistkerl!
Tummä Cheib!	Blödian!
ä Chögli	eine durchtriebene Person
Wa machsch Chogs?	Was zum Teufel machst du?
än Spinncheib	ein schräger Vogel
än Cheib haa	einen Alkoholrausch haben
cheibä	laufen, rennen
umächeibä	hin und her rennen

Wer in der Beziehung dauernd „cheibä vill Lämpä“ (sehr viele Konflikte) hat, ist ständig am „chiflä“ (streiten). Schon die kleinsten Reibereien sind ein Grund, aneinander zu geraten - z.B. wenn es darum geht, die Tochter in den „Chindsgi“ (Kindergarten) zu begleiten oder zu Hause das „Puff“ oder das „Chrüsimüsi“ (Durcheinander) aufzuräumen. Sich versöhnen kann sich das Paar am besten bei einem „Cüppli“ (einem Glas Sekt). Wenn sich anschließend beide Partner aussprechen, fragen sie sich vielleicht gegenseitig: „Chunnsch drus? Weisch, wani meinä?“ Das bedeutet: „Verstehst du? Weißt du, was ich meine?“ Wenn ein Deutschschweizer Kind Hochdeutsch lernt, bildet es zur Belustigung der Zuhörer häufig Sätze wie „Kommst du draus?“.

In der Deutschschweiz ist die Tendenz zu beobachten, dass sich der Bereich des Dus immer mehr ausweitet. Noch vor einem Jahrzehnt galt es als selbstverständlich, Leute im öffentlichen Raum und nur flüchtig Bekannte zu siezen. Heute duzen junge Angestellte in Geschäften ihre junge Klientel immer häufiger. Auch ältere Menschen denken heute viel eher daran, „Duzis z'machä“ (jemandem das Du anzutragen). Das Alter und die soziale Stellung ist dabei ausschlaggebend, wer wem den Vorschlag macht.

Sind zwei Personen miteinander per Du, grüssen sie sich übrigens mit „hoi“ statt „grüezi“.

Ein Wort, das Sie sich einprägen sollten, ist „exgüsi“. Das werden Sie oft hören - wenn Sie z.B. in der Zürcher Bahnhofstraße angerempelt werden oder wenn jemand an Ihnen vorbei aus der Tram oder dem Bus aussteigen möchte.

Varianten für den Deutschschweizer Ausdruck sind das englische „sorry“ und das deutsche „Entschuldigung“.

Ein anderes typisches schweizerdeutsches Wort ist „Fägnäscht“. Es bedeutet „Zappelphilipp“ und kommt in Ausdrücken wie „Mann, du bisch ä Fägnäscht!“ (Mensch, bist du ein Zappelphilipp!) zum Zug.

Zu Hause tragen die meisten Deutschschweizer „Finkä“ (Hausschuhe) und manchmal auch einen Trainer (Hausanzug).

Ein Trainer kommt aber auch in der Turnhalle zum Zug - gleich doppelt. Einerseits werden die Trainingsleiter „Trainer“ genannt, andererseits die Trainingsanzüge.

Wenn Sie sich in der Deutschschweiz aufhalten und Lust auf Leberkäse haben, müssen Sie sich in der Metzgerei oder dem Restaurant nach „Fleischchäs“ erkundigen. Wenn Sie Lust haben, etwas Unbekanntes zu kosten, bestellen Sie einen „Fleischvogel“. Keine Angst! Sie erhalten keinen Spatz an Meerrettichsauce, sondern eine Fleischroulade.

So ein Tag in der Deutschschweiz kann „chogä“ anstrengend sein. Vielleicht haben Sie einen Typen kennengelernt, der von seiner Geckosammlung „aagfrässä“ ist und mit Ihnen gleich „Duzis“ gemacht hat. Später haben Sie eine Frau getroffen, die es „aagurkt“ zu arbeiten. Das war in der „Beiz“, in der Sie sich zum „Käfele“ verabredet hatten. Im Zug haben Sie zu spät gemerkt, dass Sie kein „Billett“ gelöst hatten. Auf dem Heimweg sind Sie in einer Bäckerei vorbeigegangen und haben einen „Chäsfladä“ gekauft. Ihr Nachbar, ein typischer „Bünzli-Schwiizer“ hat Sie dabei genau beobachtet. Zu Hause gönnen Sie sich zur „Waiä“ ein „Cüppli“. Mit dem Kaffee und dem Sekt im Bauch, meldet sich Ihre Blase. Sie müssen „go bislä“. Nachher haben Sie das Bedürfnis, eine Dusche zu nehmen. Dazu müssen Sie sich „füdliblutt“ (splitternackt) ausziehen. Frisch und entspannt ziehen Sie nachher „Finkä“ und einen „Trainer“ an und lesen gemütlich ein Buch - über das Leben als Deutscher in der Deutschschweiz. Ein schöner Tag, nicht wahr? Aber es gibt noch viel mehr zu entdecken in der Deutschschweiz und im Schweizerdeutschen.

Von „Gampiross“ bis „möff“

Kinder in der Deutschschweiz haben häufig viele Spielsachen. Sie werden von ihren Eltern, ihrer „Gotte“ (Patentante), ihrem „Götti“ (Patenonkel), ihren Großeltern, Tanten und Onkeln beschenkt. Häufig steht im Kinderzimmer oder in der Stube (im Wohnzimmer) ein „Gampiross“ (Schaukelpferd).

Je nach Wohngegend findet sich unweit von zu Hause ein Spielplatz. Dort können sich die „Maitlä“ (Mädchen) und „Buäbä“ (Jungen) mit ihren „Gschpäändli“ (Spielkameraden) auf einer „Gigampfi“ (Wippe) und einer „Gireitzlä“ (Schaukel) vergnügen. Dabei wird viel „gigälät“ (gekichert). Nach dem Spielen wünschen viele Kinder zum „Zvieri“ (Zwischenmahlzeit am Nachmittag - Pendant zum „Znüni“, der am Vormittag eingenommen wird) eine „Glacé“ (ein Eis). Dann ist es „gäbig“ (praktisch), wenn der Heimweg nicht zu „gäch“ (steil) ist. Sonst beginnen die Kinder zu quengeln. Wenn sie nicht mehr gut gelaunt sind, fangen sie an, einander zu „ginggä“ (treten) und „schupfä“ (schubsen). Das geht so lange, bis ein Kind „umgheit“ (hinfällt) und anfängt zu „brüälä“ oder „briäcä“ (weinen).

Wann immer jemand auf Reisen geht, wird er in fremden Ländern Speisen vorgesetzt bekommen, die er nicht mag, die er „gruusig“ (ekelhaft, unappetitlich) findet. Der Gastgeber sollte in solchen Momenten genügend „Gspüri“ (Feingefühl) haben, um dem Gast etwas anderes anzubieten, bevor er „än Guätä!“ (guten Appetit!) wünscht.

In der Küche gibt es im Schweizerdeutschen - wie in jeder Sprache - viele Besonderheiten. Einige haben Sie bereits kennengelernt. Hier habe ich ein paar weitere zusammengestellt:

Bärädräck	Lakritz
Biberfladä	Lebkuchenspezialität
Bitzgi, Bütschgi	Apfelgehäuse
Birebrot	süßes Brot mit getrockneten Birnen
Blauchabis	Rotkohl
Blööterliwasser	Mineralwasser mit Kohlensäure
Chäfä	Erbsenschote
Chnöpfli	Spätzle
Chüngel	Kaninchen
Cornet	Waffel, Hörnchen
Eierschwämmli	Pfifferling
Fotzelschnittä	Arme Ritter
Gomfi	Konfitüre
grilliärä	grillen
Grittibenz	Stutenkerl
Gschwellti	Pellkartoffeln
Guetzli	Kekse
Gupf, Güpf, Mürggel	(Brot-)Knust
habärä	essen
Herdöpfel	Kartoffeln
Herdöpfelstock	Kartoffelbrei
Nüsslisalot	Feld-, Ackersalat

Pariserbrot	Baguette
Peterli	Petersilie
Pfünderli	500g Brot
Plätzli	Schnitzel
Pürli	Brötchen
Randä	Rote Beete
rassig	scharf
räässä Chääs	würziger Käse
rezent	gut gewürzt
Rööschti	geraspelte Kartoffeln (Spezialität)
Sackmesser	Taschenmesser
Schelfärä	(Kartoffel-)Schalen
Schoggi	Schokolade
Schoppä	Milchflasche für Babys
schpanischi Nüssli	Erdnüsse
Stangä	gezapftes Bier (3dl)
Chübel	gezapftes Bier (5dl) - auch Eimer
Süessmoscht	Apfelsaft
Zapfä	Korken
Zmorgä	Frühstück
Zmittag	Mittagessen
Znacht	Abendbrot

Nicht nur beim Essen sind die Geschmäcker verschieden, sondern auch bei der „Aaleggi“ (Mode). Vielleicht mögen Sie gestreifte Hemden besonders gern, finden in einer fremden Stadt aber nur „ghüüsläti Hemper“ (karierte Hemden). Oder Sie ziehen lockere Freizeitmode vor und landen mangels Ortskenntnis in einem „gstopftä“ (vornehmen) Geschäft, wo Sie sich in Ihrer Haut nicht wohl fühlen.

Das Wörtchen „gell“ wird von Deutschschweizern häufig und in unterschiedlichen Variationen verwendet: „gell“, „gäll“ oder „gäu“ im

Gespräch mit Personen, die Sie duzen und „gälet“, „gällätzi“ oder „gäuid“ in der Höflichkeitsform.

„Gfüürchig, so vill neui Wörter, gällätzi!“ (Beängstigend, so viele neue Wörter, nicht wahr?) Keine Bange! Sie werden diese Ausdrücke im Nu verinnerlicht haben, wenn Sie sich länger in der Deutschschweiz aufhalten.

Als erstes werden Ihnen in der Schweiz die vielen Kühe auffallen. Überall werden Sie Kuhweiden entdecken. Die Tiere haben die unterschiedlichsten Fellmusterungen: Die einen sind „gschäggät“ (gefleckt, mit großen Flecken), die anderen „uni“ („üni“ ausgesprochen, einfarben) und nochmals andere „gschprenggälät“ (gefleckt, mit kleinen Flecken).

Was Ihnen zudem bald auffallen wird, sind die langen Floskeln, die z.B. Verkäuferinnen zu Ihnen sagen werden: „Da macht drü Frankä füfzg, wenn Sie wönd so guät sii.“ (Das macht drei Franken fünfzig, bitte.) Sind Sie mit jemandem per Du, können Sie anstelle von „bitte“ auch „bissäguät“ (sei so gut) verwenden.

Für Verwirrung sorgen die schweizerdeutschen Ausdrücke für Bewegungsverben:

laufä	gehen
joggä	laufen
renä, springä, secklä	rennen
gumpä, juckä	springen

Ebenfalls verwirrend sind die Wörter „hören“ und „sehen“:

ghöörä	hören
losä	zuhören
gseh	sehen
luägä	schauen

Alles klar? Vielleicht müssen Sie noch etwas „hirnä“ (nachdenken), bis Sie alles verstanden haben?!

Einerseits sind „Güsel“ (Abfall) und „Hitzgi“ (Schluckauf) zwei lustige schweizerdeutsche Wörter. „Handkehrum“ (andererseits) klingen sie aber nur für Nicht-Deutschschweizer lustig. Für Deutschschweizer sind sie so gewöhnlich wie „Güselchubel“ (Mülleimer), „Heugümper“ (Heuschrecke), „heimlifeiss“ (es faustdick hinter den Ohren haben) oder „Hudigäggeler“ (typische Schweizer Volksmusik mit „Handorgel“/Ziehharmonika)

In der Deutschschweiz gibt es die unterschiedlichsten Ausdrücke, um eine Aussage zu verstärken. „Äußerst gut“ wird je nach Region und Situation wie folgt übersetzt:

huärä …
hüne …

rüdig …
unig …
uu mentig …
schaurig …   … guät
chogä …
cheibä …
schuli …
schüli …
höllä …
schammpaar …
mega …

Ähnlich wie für das Wort „sehr“ gibt es auch für „viele“ verschiedene Ausdrücke auf Schweizerdeutsch. „Viele Leute“ kann wie folgt übersetzt werden: vill Lüüt, jeeni Lüüt, jenschti Lüüt, än Huufä Lüüt, jedi Mengi Lüüt.

Wenn Sie in der Deutschschweiz in einer Kneipe oder einem Café sitzen, bestellt der Gast nebenan vielleicht einen „Kafi fertig“ oder einen „Kafi Lutz“. Wenn Sie ihn fragen, ob er gewöhnlich einen halbfertigen Kaffee bestellt, wird er in schallendes Gelächter ausbrechen. Nicht etwa, weil er Sie auslacht, sondern weil „Kafi fertig“ nichts mit „fertig“ oder eben „nicht fertig“ zu tun hat. Es ist ein fester Ausdruck und bedeutet „Kaffee mit Schnaps“.

Ein unabdingbares Wort - vor allem, wenn Sie sich in Frauenkreisen bewegen - ist „lädälä“. Es bedeutet „einkaufen, bummeln“. Heute wird es immer mehr vom Wort „shopä“ (von englisch „to shop“) verdrängt.

Auf Schweizerdeutsch zu bejahen und verneinen fällt Ihnen mit Sicherheit leicht. Für „ja“ gibt es alle Schattierungen von „joo“ über „jä“ bis „jaa“. Auf irgendeinen Dialekt trifft Ihre Aussprache mit großer Wahrscheinlichkeit zu. Auch beim „nein“ können Sie kaum fehlschlagen. Von „nai“ über „nei“ bis „näi“ ist alles möglich. Wenn Sie „nicht“ sagen wollen, haben Sie ebenfalls eine große Auswahl an dialektgefärbten Wörtern: nöd, nüd, nid, ned oder näd. Aus der Reihe tanzt die Übersetzung von „doch“. Deutschschweizer sagen „moll“ oder „mou“ (Berndeutsch). „Doch, doch, ich komme mit.“ heißt auf Schweizerdeutsch: „Momoll, i chum mit.“

Wer hat sie nicht, die kleinen Angewohnheiten? Einige fahren sich dauernd mit der Hand durchs Haar, andere sagen nach jedem Satz „oder“ und nochmals andere probieren beim Kochen immer mit dem Finger. So hat jede und jeder irgendwelche „Möödeli“, ohne sich deren bewusst zu sein.

Wenn Sie jemanden auf seine „Möödeli“ ansprechen, kann es schon passieren, dass er „möff“ (wütend, beleidigt) reagiert. „Möff“ hat nichts mit „Töff“ (Motorrad) zu tun. Die beiden „ö“-Laute werden auch verschieden ausgesprochen. „Töff“ enthält einen geschlossenen „ö“-Laut, der vorne gesprochen wird. Im Gegensatz dazu wird das „ö“ in „möff“ offen gesprochen. Der Laut befindet sich sozusagen in der Mitte des Sprechweges vom geschlossenen „ö“ zum hellen „a“. Viel Spaß beim Ausprobieren!

Von „noodisnoo“ bis „sünälä“

„Noodisnoo“ haben Sie Schweizerdeutsch im Griff. Hab’ ich Recht? Kennen Sie sich allmählich aus in der Sprache Ihrer südwestlichen Nachbarn? Nach und nach bauen Sie Ihr Wissen und Ihre Sprachfertigkeiten aus. Wenn Sie das Wort „noodisnoo“ verwenden wollen, müssen Sie auf eine offene Aussprache des „o“ achten. Der Laut tönt nicht wie in „Ofen“, sondern wie in „Hobby“.

Mit den Anfangsbuchstaben „n“ und „ö“ gibt es auf Schweizerdeutsch einige spezielle Wörter, die weit weg von ihren standarddeutschen Entsprechungen sind:

niänä/niänät	nirgends
noimä/noimät/näbä	irgendwo
noimät anä	irgendwohin
noimädurä	irgendwie
nüt	nichts
niämer(t)	niemand
nümä	nicht mehr
öppä	ungefähr
öpädiä	ab und zu
öpper(t)/näbert	jemand
öppis	etwas

Wenn Sie im Winter in der Schweiz unterwegs sind, kann es hilfreich sein, nach einem Taschentuch fragen zu können. Natürlich werden Sie auch verstanden, wenn Sie „Taschentuch“ sagen. Beeindrucken können Sie Ihr Gegenüber jedoch, indem Sie nach einem „Nastüächli“ fragen. Ist ja klar, ein Tüchlein für die Nase …

Im Gegensatz zum Taschentuch gibt es im Schweizerdeutschen eine „Täschä“. Damit ist eine stabile Tasche aus Stoff, Leder oder Kunststoff gemeint. Eine Papier- oder Plastiktüte, die Sie im Geschäft kriegen, wird in der Deutschschweiz „Sack“ genannt.

Wenn Sie in der winterlichen Schweiz ein „Nastüächli“ nach dem andern benötigen, ist es vielleicht an der Zeit, in einer Apotheke ein Mittel gegen „den Pfnüsel“ (die Erkältung) zu holen. Wenn es Sie erwischt hat, ist häufig „Pfuusä“ die beste Medizin. Im Schlaf kann sich der Körper gut erholen.

Möchte Ihre Schweizer Kollegin einen „Rock“ kaufen gehen, staunen Sie nicht, wenn sie in Ihren Augen in der falschen Abteilung im Modegeschäft sucht. Ein „Rock“ ist nämlich ein Kleid. Und ein „Schüp“ (von französisch „jupe“) ist ein Rock.

Haben Sie genug vom Bummeln und „Lädälen“ und knurrt Ihr Magen, könnten Sie sich beispielsweise eine Schweizer Spezialität zu Gemüte führen: eine „Rööschti“. Können Sie sich erinnern? Genau: geraspelte Kartoffeln. Es gibt die verschiedensten Variationen davon: mit Rahmgeschnetzeltem (Zürcher Art), mit Spiegelei, mit Speckwürfeln …

Mit hoher Wahrscheinlichkeit werden Sie vom „Röstigraben“ hören, wenn Sie sich eine Weile in der Schweiz aufhalten. Damit ist nicht etwa ein Graben in der Mitte des Tellers gemeint, sondern ein Graben quer durch die Schweiz. Er teilt die Schweiz entlang der französisch-deutschen Sprachgrenze entzwei - von Nord nach Süd. Der Begriff impliziert einen Mentalitätsunterschied zwischen der West- und der Deutschschweiz. Zweisprachige Städte wie Biel und Freiburg bilden sozusagen eine lokale Brücke über den „Röstigraben“. Am deutlichsten bricht der berüchtigte Graben bei Abstimmungen auf. Häufig verläuft die Grenze zwischen den Kantonen mit höherem Ja- resp. Neinstimmenanteil exakt entlang des „Röstigrabens“. In den Zeitungen ist dann meistens die Westschweiz grün eingefärbt und die Deutschschweiz rot. Letztere stimmt zusammen mit dem italienischen Tessin mehrheitlich konservativer ab als die französische Romandie.

Zum Thema Politik passt auch der Ausdruck „Kantönligeischt“. Er parodiert den Schweizer Föderalismus und deutet an, dass jeder Kanton in der Schweiz seine eigene Hoheit ist. Vieles läuft von Kanton zu Kanton sehr verschieden: vom Schulsystem über die Polizei bis hin zur Verwaltung. In einigen Bereichen sind heute Bestrebungen zur Harmonisierung im Gang. Doch der „Kantönligeischt“ wird seinen Geist nicht so schnell aufgeben.

Vom „Röstigraben“ zurück zur „Röösсhti“ und anderen Schweizer Spezialitäten: Es gibt weitere urtypische Schweizer Gerichte, die Sie je nach Neugierde und Vorlieben kosten können. Vielleicht haben Sie bereits vom legendären „Chäsfondue“ gehört. Für Nicht-Schweizer kann es unverständlich sein, so viel Käse auf einmal zu essen. Ein ganzes Gericht fast ausschließlich aus Käse? Kosten Sie es, wenn Sie trotz Skepsis neugierig sind. Ein gemütlicher Abend ist garantiert. Mit einer besonderen Gabel werden Weissbrotbrocken in heißen Käse getaucht, der in einem „Caquelon“ (einem speziellen Topf) auf dem Feuer steht. Dazu wird traditionellerweise Weißwein und/oder Schwarztee getrunken.

Eine andere Schweizer Käsespezialität ist das „Raclette". Zum Käse gesellen sich Kartoffeln und verschiedene sauer eingelegte Köstlichkeiten. Der Käse wird in Scheiben geschnitten und in kleinen Pfännchen in den Ofen auf dem Tisch geschoben. Sobald er geschmolzen ist, wird er auf die Kartoffel auf dem Teller gegeben und nach Belieben gewürzt. Traditionellerweise wird auch zum „Raclette" - wie zu jeder Käsespeise - Weißwein serviert.

„Fondue Chinoise" und „Fondue Bourguignonne" sind zwei weitere spezielle Schweizer Gerichte. Beim „Fondue Chinoise" werden Fleischröllchen in ein „Caquelon" mit Bouillon getaucht und zusammen mit Reis oder Brot und verschiedenen Saucen gegessen. Beim „Fondue Bourguignonne" werden Fleischstücke - auch auf dem Tisch - in heißem Öl gebraten.

Am 6. Dezember kriegen die Kinder in der Schweiz Besuch vom „Samichlaus" (Nikolaus). Er zieht Bilanz über das vergangene Jahr und lobt und tadelt das Kind. Selbstverständlich gibt es auch Geschenke - z.B. Nüsse, Mandarinen und Schokolade. Am 24. Dezember kommt dann der weniger beängstigende Besuch: „s'Chrischtchindli" (das Christkind). Dieses bringt - hoffentlich die gewünschten - Geschenke und schmückt in einigen Familien den „Chrischtbaum" (Tannenbaum).

In den Weihnachts- oder Winterferien möchten die meisten Kinder in den Schnee. Je nach Winter und Wohnort ist er näher oder weiter weg zu finden. Die Aktivitäten sind jedoch überall dieselben: „Schiifahre" (Skifahren), „Schlittlä" (Rodeln), „Schliifschüändlä/Schlittschüälä" (Eislaufen) oder „Snööbä/Boordä" (Snowboard fahren).

Zur Weihnachtszeit passt auch das Wort „schnoiggä" (naschen). Es ist jedoch auch möglich, in einem Buch zu „schnoiggä". In diesem Zusammenhang bedeutet das Wort, das Buch kurz durchzublättern.

Das Wort „niedlich“ kann unterschiedlich auf Schweizerdeutsch übersetzt werden: „schnüsig“, „schnüsälig“, „süäss“ oder „härzig“. Ebenso passt der Ausruf „jööh!“ dazu. Junge, tollpatschige Kätzchen entlocken einem schon mal einen Ausruf wie: „Jööh, sind diä schnüsig!“

Es kann sein, dass Ihnen jemand erklären will, wo Sie in einem Einkaufszentrum beispielsweise die Toiletten finden. In einer solchen Situation kann es nützlich sein, wenn Sie wissen, dass Treppe „Stägä“ heißt. Dann verstehen Sie eine Erklärung wie „d’Stägä duruuf/durab und denn rechts“ (die Treppe rauf/runter und dann rechts).

Wenn Sie langsam müde werden vom Sprachenlernen, habe ich einen erholsamen Tipp für Sie: Gehen Sie doch mal nach draußen zum „Sünälä“. Die Sonne verleiht einem neue Kräfte. Außerdem ist Sonnenbaden äußerst entspannend. Frisch und mit neuem Elan können Sie sich nachher ans nächste Kapitel wagen.

Und wenn die Sonne gerade nicht scheint? Dann lesen Sie „tifig“ weiter. Aber jetzt habe ich bereits vorgegriffen …

Von „tifig“ bis „zwäg sii“

Ein Deutschschweizer Ehepaar ist am Strand im Süden am „Sünälä“. Die Frau sagt zum Mann: „Holsch nöd bitte no d’Zitig am Kiosk?“ (Könntest du bitte die Zeitung am Kiosk holen?) Der Mann kommt bereits nach kurzer Zeit mit der Zeitung in der Hand zurück. Da meint die Frau: „Da isch aber tifig gangä. Dankä villmol!“ Damit drückt sie ihr Erstaunen darüber aus, wie schnell ihr Mann zurück war. Synonyme für „tifig“ sind „zackig“ und „zügig“.

Wenn das Kind mit von der Partie ist in den Ferien, ist es sicher glücklich darüber, dass der „Thek“ (Schultasche) zu Hause geblieben

ist. Schnell genug ist die freie Zeit vorbei und muss der „Thek“ wieder gepackt und der Schulweg wieder unter die Füße genommen werden. Manchmal verläuft dieser an einer gefährlichen Straße entlang. Dann ist es besonders wichtig, den Kindern klar zu machen, dass sie unbedingt auf dem „Trottoir“ (Bürgersteig) gehen müssen. Nach der Schule haben die Kinder häufig alles andere als Hausaufgaben im Kopf. Die Knaben wollen „tschuutä“ (Fußball spielen) und die Mädchen eher „bääbälä“ (mit Puppen spielen).

Das unscheinbare Wörtchen „tschüss“ birgt für Deutsche in der Schweiz eine gewisse Klippe. Während Sie es gewohnt sind, „tschüss“ auch in Situationen zu verwenden, in denen Sie per Sie kommunizieren, können Sie damit in der Deutschschweiz anecken. Hier ist der Abschiedsgruß Personen vorbehalten, die sich duzen. Verlassen Sie ein Geschäft, ist also ein „adieu“, „auf Wiedersehen“ oder „ade“ angebrachter.

Wenn Sie sich in der warmen Jahreszeit in der Schweiz aufhalten, ist es wahrscheinlich an einigen Tagen „tüppig“ (schwül). Dann kann es passieren, dass Sie „ä nassäs T-Shirt überchömäd“. „Übercho“ bedeutet „bekommen, kriegen“. Das Wort verursacht ulkige Interferenzen bei Deutschschweizer Kindern, die Hochdeutsch lernen. Sie sagen dann z.B.: „Ich komme zehn Franken Sackgeld über.“ (Ich bekomme zehn Franken Taschengeld.)

Wenn Sie darauf aus sind, Leute kennenzulernen, sollten Sie „in Uusgang go“ (ausgehen). Wenn Sie dann „uufgschtellt“ (fröhlich, heiter) unterwegs sind, stehen Ihre Chancen gut, Bekanntschaften zu schließen. Wer weiß, vielleicht entwickelt sich die eine oder andere Freundschaft daraus. Sie können dies insofern steuern, indem Sie sich Mühe geben, „kein Saich usäzloo“ (keinen Mist zu erzählen).

Je nachdem, wo Sie unterwegs sind und ob Sie Alkohol mögen oder nicht, tun Sie vielleicht gut daran, mit dem „Velo“ (Fahrrad) „in Uusgang z'go". Seit Januar 2006 gelten auf den Schweizer Straßen 0,5 Promille als Alkohollimit. Vorher waren 0,8 Promille erlaubt. Das Senken des Limits kommt einer Anpassung an die Normen im übrigen Europa gleich.

In der Schweiz ist es einfach und praktisch, ohne Auto „vürschi" (vorwärts) zu kommen. Das ganze Land ist übersät von gut ausgeschilderten Velowegen. Für jeden Schwierigkeitsgrad ist etwas dabei. Für Plauschfahrer ist das flache Mittelland empfehlenswert. Sportfahrer können sich an eine Route in den hügeligen Voralpen oder den gebirgigen Alpen wagen. Wer genug hat vom Radeln, kann am nächsten Bahnhof oder an der nächsten Haltestelle auf einen Zug oder Bus warten und sich samt Velo chauffieren lassen. Das schweizerische Netz des öffentlichen Verkehrs ist hervorragend. Die entlegendsten Dörfer werden erreicht. Zudem zeichnet sich der öffentliche Verkehr durch die als typisch schweizerisch geltende Pünktlichkeit aus. Nur wenn es ums „Züglä" (Umziehen) geht, ist ein Auto oder gar ein Lastwagen unabdingbar. Fürs Umziehen bevorzugen die Deutschschweizer übrigens eine Umkleidekabine.

„Sind Sie zwäg? Hend Sie Schwiizertütsch im Griff?" Wenn Sie die Fragen verstanden haben, können Sie sie ohne weiteres mit „ja" beantworten. „Zwäg sii" bedeutet „fit oder gesund sein". Als Floskel für den Anfang einer Konversation wird häufig „bisch zwäg?" verwendet. Diese Frage ist gleichbedeutend mit „gehts dir gut?".

So fluchen Deutschschweizer

Fluchwörter gehören häufig zu den ersten Brocken, die Reisende in einer Fremdsprache beherrschen. Diese Priorität ist wahrscheinlich nicht ganz angemessen. Doch kann es umgekehrt auch nützlich sein, solche Wörter zu kennen. Nicht unbedingt, um sie anzuwenden, sondern eher, um sie zu verstehen. Oder gibt es etwas Peinlicheres und Erniedrigenderes, als jemanden mangels Verständnis anzulächeln, obwohl er gerade einen Fluch geäußert hat? Prägen Sie sich folgende Ausdrücke ein - damit Sie in der Deutschschweiz mitreden und mithören können.

„Gopf“ ist ein Allerweltswort. Allein stehend ist es ein mildes Fluchwort und heißt so viel wie „ach“ oder höchstens „verdammt“. In den folgenden Kombinationen wird der Fluch ein bisschen stärker:

gopfertoori	gopfertami
gopferteli	gopferteckel
gopfridstutz	gopfridli

„Mist“ oder „scheiße“ kann auf ganz unterschiedliche Arten übersetzt werden:

schitt	scheibe
Schissdräck	huärä Siäch
vodammtä Siäch	heiligä Bimbam
heiligä Strohsack	heiligä Fahnä
stärnäsiäch	stärnäfüfi/stärnäfoifi
stärnächeib	stärnähagel
vobrennti Zainä	vorecktä Cheib
Heilanzack	heiligä Siäch
heiligs Vodiänä	Kacke
strooligä Suchog	herrgottinä

Männer können in der Deutschschweiz vielfältig beleidigt werden. In der folgenden Liste nimmt die Intensität der Schimpfwörter zu, ihre Freundlichkeit ab.

jungä Schnuufer	junger Spund
Schutzli	Schussel
Lappi/Chümi/Gwaggli(chopf)	Dummerchen
Moschtchopf	Narr
Lamaaschi	Lahmarsch
Bodäsuri	Kleinwüchsiger
Mägerlimuck	dünner Kerl
Ticksack	Fettsack
Ruäch	grober Typ
Holzbock	Rüpel
Tüpflischiisser	Haarspalter
Füdlibürger	Kleinkarierter
Halbschuä/Halbschlauä/ Tubel/Lööli/Toocht/Totsch/ Tschooli/Tschumpel/Holzöpfel	Dummkopf/Trottel
Dräcksiäch/Dräcksack/ Sauhund/Schoofseckel/ Armlüüchter/Schiisskerl	Arschloch/Saukerl

Die Frauen bleiben nicht verschont. Auch für sie hält das Schweizerdeutsch einige Schimpfwörter bereit.

Gluggärä	Glucke
Schreckschruubä	Schreckschraube
tummi Geiss	blöde Ziege
Riibisä/Räss	Reibeisen
tummi Chuä	blöde Kuh
Beeri/Gumslä/Zwätschgä/ Scheesä/Schachtlä/Griitä/ Pfunzlä/Pflutärä/Zwätschgäfüdlä/ Pfluumä	einfältige Frau

Weblinks

Damit Sie bei Ihrem nächsten Aufenthalt in der Schweiz möglichst keinen Grund zum Fluchen haben, finden Sie in folgender Liste hilfreiche Links, um sich auf Ihre Reise vorzubereiten.

- www.myswitzerland.com
- www.topevents.ch
- www.swisstravelsystem.com
- www.swissinfo.ch
- www.ch.ch
- www.museums.ch
- www.swisshotels.com
- www.meteoschweiz.ch
- www.weisseseiten.ch
- www.swissworld.org

Buchtipps aus dem Conrad Stein Verlag

Oh, dieses Italienisch!

von
Ilaria Ranco-Lencer

Fremdsprech Band 35
58 Seiten
12 Abbildungen und Illustrationen

Oh, dieses Französisch!

von
Claudia Schmidt

Fremdsprech Band 5
59 Seiten
10 Abbildungen und Illustrationen

ISBN 978-3-89392-405-9

Oh, dieses Österreichisch!

von
Reinhard Dippelreither

Fremdsprech Band 10
62 Seiten
14 Abbildungen und Illustrationen

ISBN 978-3-86686-910-3

>> **tz** über die Bücher der Reihe „Fremdsprech“: *„Sie verheddern sich nicht groß in Grammatik, sondern erklären kurz und kurzweilig, wie die jeweilige Sprache funktioniert, wie man Alltagssätze bildet und wo für Fremdsprecher die größten Fallen lauern.“*